U0036072

任性還是認命

全世界最好玩最精準的占卜遊戲

腦力&創意工作室◎編著

嘘！即便是準到極致，也別忘了這只是遊戲。

原書名：《好命都是占出來的
——占卜遊戲好好玩》

前言

常在旅遊場所或鄉間廟會，有時也在鬧市人行地下道或商場的某個角落，看到算命或占卜的攤位，這些人總是坐在那兒用不同尋常的眼神張望著來來往往的人，還不時對經過自己眼前的人輕聲說著什麼。當路人駐足其前時，他總會說一些未卜先知的話，什麼「你印堂發黑」、「你要破財」云云；或者讓路人駐足，為其摸骨相面。神奇的是，那些「善男信女」，往往對其言語十分認同，表現出一副很信服的樣子。

說到這裏，你應該知道說的是什麼了吧。沒錯，這就是算命，也被稱為占卜。

自遠古以來，人們就相信所有事物在發生之前就會有相應的徵兆，而靈感能力特別強的人可以感應到這些特殊的反應，並透過某些超自然的方式將之推測出來。我們的祖先最早用龜殼、銅錢、竹簽，或星象等手段和徵兆來推斷未來的吉凶禍福，歐洲人則依靠塔羅牌來預知命運之輪的走向。千萬不要覺得占卜是虛幻無依的，也不要斷然扣上「迷信」的帽子，如果你相信科學能夠準確預報明日的天氣，預測火山的爆發和日食的出現，那麼有什麼理由不相信占卜的預知能力呢？

占卜方法五花八門，種類繁多。東方有八卦易經、梅花卦數、占夢、相術、測字，西方有占星、塔羅、撲克等等。而到了今天，占卜的方法更是大大發展，到了身邊的種種事物無不可用來占卜的地步。在本書中，你可以學到各種占卜方法，從傳統的血型、星座、生肖、銅錢、塔羅、撲克占卜，到牙籤、瓜子、鐵釘之類身邊之物的占卜，都能夠輕鬆掌握。無論是個性、運程、愛情、婚姻、工作以及學業，都可以從中找到預示。

想知道你今天的事情是否順利，硬幣就能事先給你答案；想知道你應該從事什麼樣的工作，不同的顏色會告訴你不同的選擇；想知道對方是否會喜歡你，撲克牌中能夠尋找到愛的訊息……

而你所需要做的，只是集中精神，按照書中的指示去做。

如果你因占卜師們神奇的能力而驚嘆，也不必沮喪你自己的平平無奇。實際上，占卜並不是占卜師所獨有的能力哦！就如同科學已經證實了人體磁場是存在的事實一樣，每個人都有著自己獨有的靈能力，而占卜正是一種適當的方法，讓你的靈能力得到最大程度的發揮。

如果你相信占卜，那麼這本書會給你最好的參照，讓你獲得來自靈感的啟示，就算你不信，它也可以給你新鮮而特別的體驗。現在，就讓我們好好體會占卜帶來的魔力，感受人類自身潛能的神奇之處吧！

目錄
CATALOGUE

01 般若波羅蜜，God loves me
——自我命盤大揭祕

02 福祿壽喜財，好運一起來
——日日吉凶大占卜

03 唵嘛呢叭咪吽，all money goes to my home
——財運更比時運高

04 愛不愛，誰說了算
——我是愛情大贏家

05 嚦咕嚦咕，手到擒來——工作學業一把罩

01

般若波羅蜜，God loves me——自我命盤大揭祕

不同血型，不同性格

從出生開始，血型就伴隨了我們一生，為我們的生活打下深深的烙印，影響了我們的性格，不同的性格和行為方式，總能在血型中找到根據。

【解答】

A型

性格沉穩，做事謹慎，條理分明，很能為人設想，對於周圍的人都非常友善，樂於助人，因此很得周圍人的尊敬。但A型的人太愛自我壓抑，導致性格優柔寡斷，內心膽怯，常常有杞人憂天的毛病，顧慮太多。如果面對自己喜歡的人，害羞的A型人是不敢表白的，但只要看到他緊張臉紅的樣子，也就很清楚了。

A型人最討厭對方不理解自己的心意，與A型人談話千萬不要貿然下結論，也別發出太多離經叛道的論調，會令他反感。另外，A型人害羞而內向，因為也很討厭太過露骨的表達方式，過度的恭維反而會造成反效果。特意製造驚喜的方式也千萬別用在A型人身上。A型人雖然十分謙遜，但卻是很愛記仇的，如果你冤枉了他，會讓他記恨很久，另外，也千萬別批評他的家族和情人。

身體方面，要注意呼吸器官、神經系統、消化器官、關節等方面疾病。

B型

生性大方爽朗，好動，愛自由，討厭被束縛，幽默風趣，很有自己的想法，有獨創性的一面。B型多數是樂天派人物，雖然失敗會讓他們沮喪但很快又能重新站起來，恢復活力。對於初次見面的人，B型總希望給對方留下好印象，但如果在之後的交往中他對你講述自己的故事和興趣的話，那麼就表示他對你頗有好感。

B型人討厭被束縛的感覺，在工作中，如果交代他做某些事，只要交代大原則即可，如果對於細節規定太細會引起其反感；如果是約會的話，必須按照他的步調進行，如果計畫得太長遠，會讓他有被束縛的感覺。另外，B型還很討厭被人忽略，他喜歡在朋友中高談闊論，而對方也必須對他的幽默有所反應，對於不太熟的朋友，他也會非常熱情，也是因為這個原因。

身體方面，需要注意消化器官、骨骼、肌肉等方面的疾病。

AB型

理性、冷靜、坦白，為人溫和，善於與人交往，樂於助人。但有時遇事衝動，又固執到毫不通融，有時溫柔有時冷淡，令人難以捉摸。冷漠且乾脆的AB型人，就算對對方有好感也不會表達出來，依舊會是一副冷漠的樣子，但如果你發現他在偷偷觀察你的行動，那麼他肯定是對你有好感了。

AB型人最討厭被人批評，不論是當著他的面指責他的壞處，還是和別人傾訴對他的不滿，都會讓他非常生氣。另外，如果已經委託AB型人辦的事，就千萬別再轉託他人了，否則也會讓他抓狂的喔！

身體方面，宜小心呼吸器官、內分泌系統、腹部等疾病。

O型

乾脆爽朗，直覺敏銳，生命力旺盛，鬥志昂揚，邏輯判斷能力強，凡事只要決定了不達目的絕不甘休，是個典型的現實主義者。但是，一旦你成為他的朋友，就會發現他對喜歡的人是非常講感情的。如果遇上喜歡的人，O型人會表現出自己最好的一面，舉出他們得意的事，設法給對方留下好印象。

O型人最討厭別人對自己頤指氣使，若是和他交談，千萬不能表現出高人一等的樣子，否則必定引起他的反感，如果請求他辦事，協商或懇求才是最好的方法。另外絕對不可以在O型情人面前對其他異性示好，會引發他的妒意。如果想指責他某些不對的地方，也需要用委婉的方法進行。

身體方面，要小心消化系統、新陳代謝方面的問題，當心肥胖。

趣味圖形看你的潛藏想法

給你三種圖形：〇形、△形、□形。請將紅、粉紅、黃、藍、綠、橙、紫、褐、白、黑這十種顏色，按照你的直覺和喜好選擇三種分別填塗到三種圖案中去。然後許個願，往下看一看它能告訴你什麼吧！

【解答】

〇形：圓形所代表的，是你的本來面目。

紅——你是個開朗、活潑、精力充沛的人，魅力十足。

粉紅——妳是充滿女人味的小女人。

黃——你頭腦靈活又有幽默感，是個有智慧、有品味的人。

藍——你知性又有品味，而且絕不高傲。

綠——你溫柔體貼、善解人意，人人都喜歡。

橙——你開朗而充滿親和力，人緣極佳。

紫——你富有藝術眼光，品味獨特。

褐——你對待生活和工作都認真慎重，因此贏得了別人的信賴及尊敬。

白——你正直善良，心靈清澈。

黑——你或許不太開朗，但內心溫柔敏感。

△形：你理想中的「未來」。

紅——小孩是你生命中最重要的。

粉紅——你們彼此愛護，愉快地享受愛情和生活。

黃——最重要的是能夠彼此溝通，相互瞭解。

藍——各司其職、按部就班的生活對你來說很無趣。

綠——家庭生活舒適平和，沒有風波。

橙——一個開朗的家庭，要有很多的成員，熱鬧的生活。

紫——婚姻需要從愛情開始，但一定要互相尊重。

褐——容貌和愛情雖然缺一不可，但也必須要有穩定的經濟收入和完善的規劃。

白——喜歡自由，不願受婚姻束縛。

黑——對某些人還是遠遠避開的好。

□形：代表你對婚姻、家庭的看法。

紅——生活雖然忙碌而辛苦，但很充實。

粉紅——你充滿活力，渴望著浪漫戀愛。

黃——你性格活躍，適合從事管理的工作。

藍——積極發揮你的才能，為工作注入活力吧！

綠——你會擁有溫馨的家庭及穩定的工作。

橙——你永遠是眾人的焦點，像太陽一樣光芒四射。

紫——你喜愛一切美的事物，善用直覺。

褐——你生活富足健康，擁有卓越的地位及幸福的家庭。

白——你的生活雖然簡單，但精神上是富足的。

黑——現在的生活已經讓你精疲力盡，使你不再去想未來。

另外，你所塗的顏色，也分別代表你的幸運色喔！

○形所塗色是你服飾的幸運色；△形所塗色是你隨身用品的幸運色；□形所塗色是你室內裝飾品的幸運色。

十二生肖大占卜

【解答】

鼠

老鼠是繁殖力最強的動物，古時漫山遍野都是，過去古人上山打獵都是從吃鼠肉開始，以獵犬追咬山鼠，所以造字時「獵」字便是以犬與鼠組成。

體缺：有牙無齒。

優點：聰明機智，直覺強，反應快，多才多藝，利慾心強，有很強的環境適應力和應變能力。活潑伶俐，討人喜愛，對任何事情都有好奇心，處事靈活，善於多角經營。女性特別喜愛乾淨，會將家裡收拾得一塵不染。

缺點：缺乏膽識，做事魄力不夠，缺適當指揮能力。本性善良但個性桀驁，且待人態度不是很禮貌。善於投機取巧，愛挑剔，心胸不夠寬大。有晚睡習慣。

大吉婚配：牛、龍、猴。

忌婚配：兔、馬、羊、雞。

牛

牛是農耕時代最重要的牲畜，任勞任怨，最聽主人使喚，絕不會亂跑。依六道輪迴說，出生為牛是來贖罪的，所以牠與犯人一樣，被綁在樹下或關在一個地方不會亂跑。所以造字時，以不會亦不准亂跑者為「牢」，道理在此。

體缺：有牙無齒。

優點：踏實穩定，謹慎小心，不易受他人或環境影響。事業心強，做事前會有周詳的考慮，且信念十足，耐心又夠，因此往往能夠成就自己的事業。內心有強烈的表現慾，是天生的領導人物。重視家庭和工作，看重子女教育，女性持家有方，是傳統的賢內助。如果婚姻生活不順，則會將經歷投入到工作中，成為優秀的企業家。

缺點：固執己見，沉默寡言，喜歡我行我素，不知變通，毫無情趣。經常忘記準時用餐，容易有腸胃問題。女性太過拘謹冷漠，嬌柔不足，若能夠積極一點，在感情上會比較順利。

大吉婚配：鼠、蛇、雞。

忌婚配：龍、羊、狗。

虎

老虎有一個天性，只要吃飽了就不會再動，而是積蓄力量休息，因此老虎要等到肚子餓時才出來走動，被牠鎖定的目標在一百五十公尺以內時，就會以最快的速度捉住獵物，超過太遠是不會採取行動的。因此造字時，快遞的「遞」字從虎，就是此道理。

體缺：有頸無項。

優點：自信十足，熱情勇敢，性情坦白磊落，充滿英雄氣概。外表不怒而威，喜歡冒險，性格剛毅，越挫越勇，絕不認輸，屬領導型人物。樂於參與活動，好出風頭。天生喜歡接受挑戰，不喜服從他人，卻要別人服從自己。

缺點：性格叛逆，喜歡獨來獨往，相交雖多卻無法深交，太過自信，有時表現極端。專橫霸道，男性缺乏浪漫情調，對待妻子也使用獨裁手腕，影響夫妻情感。對任何事不善先做準備，投資上比較短視，總是期望短期內就能獲利。鄉村家畜生產時不讓肖虎者看，因為他的磁場會令母畜感到不安。

大吉婚配：馬、狗。

忌婚配：蛇、猴、豬。

兔

兔子生性膽小，很注意保護自己，所以狡兔三窟，而「冤」字正是兔而無穴，所以才容易被吃。

體缺：無唇。

優點：性格保守，心思細密，頭腦冷靜，個性溫柔體貼，富於同情心，能體諒別人。喜歡平靜安寧的生活，極為重視家庭，討厭與人爭執，很難動怒。有語言天才與犀利的口才，善於交際，在社交場上頗受歡迎。講究美觀，家庭佈置和陳設都很考究。

缺點：缺乏決斷力，遇事容易猶豫，又不善於深入鑽研。表面溫和但內心相當固執。凡事過於謹慎，不願向人吐露心事，具有逃避現實的傾向。有大眾情人心態，容易產生感情糾紛。尤其是女性太過多愁善感。

大吉婚配：羊、狗、豬。

忌婚配：鼠、龍、馬、雞。

龍

龍是皇帝的象徵，人人都要聽他的意旨。但龍缺耳朵，屬龍的人很主觀，什麼事都以自己的判斷為依據，完全不聽別人的意見，故造字時龍下加耳還是聽不見，這就是「聾」。

體缺：缺耳。

優點：體魄強健，精力充沛，理想高遠，有領導才能，凡事都想做到十全十美。凡事不服輸，自我意識強烈，為人坦誠不虛偽，但不喜受人命令，喜歡獨自行事。女性豪爽、熱情、慷慨，善解人意，男性有大男人主義。

缺點：夢想太多而近乎幻想，情緒不穩定，性格傲慢。桃花運不斷，但極少去真心愛別人，只會使人傷心。太過自負，總是自覺優秀而毫不留情的批評他人，一旦失敗又承受不起挫折，一蹶不振。

大吉婚配：牛、雞。

忌婚配：虎、猴、豬。

蛇

蛇無足但善鑽洞和橫行，是很有靈性的動物，而且在十二生肖中，蛇是唯一的冷血動物，所以生肖屬蛇的人都有冷靜的一面，不善與人爭吵。蛇會蛻皮，所以「蛻」字便是蛇的脫殼。

體缺：無足。

優點：冷靜沉著，風度翩翩，有堅持到底的決心，善於辭令。天生有很強的第六感和感知能力，對事物的判斷力很強，因此很善於抓住機會，創造屬於自己的事業，但若缺乏合作精神，則容易失敗。生性低調，不會炫耀自己的才能，只是按部就班的照計畫行事。冷靜自持，不易動怒。對金錢慾望很強，但金錢運也很好，從不缺錢用。

缺點：表面態度溫和，其實極為頑固。看似冷漠，難以親近，不隨便與人交往，也不輕易表露真心，佔有慾很強，且個性上有柔弱的一面。情緒不定，感情易生波折。生性虛榮，常帶懷疑的眼光。

大吉婚配：牛、雞。

忌婚配：虎、猴、豬。

馬

馬天生膽小，是站立睡覺，遇有危急立即可跑，頗具危機意識。而母親照顧孩子，是要有危機意識的，所以「媽」字是由女字與馬字組合而成。

體缺：無膽。

優點：性格開朗熱情、樂觀爽朗，頭腦靈活、身體敏捷，追求浪漫。做事積極，有股不服輸的精神，即使遭受挫折也會堅持到底。交遊廣闊，樂於照顧人，有英雄主義，愛打抱不平，很有領導能力和演講才華。重視容貌，講究穿著。愛情表現直率，異性緣多在遠方。

缺點：太過主觀，不能接受別人的建議。討厭被束縛。不善理財，愛慕虛榮，只知開源而不懂節流。脾氣暴躁，血氣過旺，容易沉迷於酒精或賭博。需要別人的稱讚和崇拜。對男性來說愛情是生命的一部分，而對女性來說則是全部。

大吉婚配：虎、羊、狗。

忌婚配：鼠、牛、兔、雞。

羊

羔羊跪乳，在人們心中是孝順的代表，另外羊對人有很大的貢獻，故羊對人是吉祥之象。故造字時吉祥的字都有羊，比如吉祥的「祥」字。

體缺：無瞳孔。

優點：心思細密，凡事考慮周到，做事慎重。刻苦耐勞，有進取心，忍耐力強。個性溫柔，善於交際，因此能獲得貴人扶持。個性內向，外柔內剛，孝順父母，生活節儉，一生勞碌。偏好神祕色彩，相信鬼神之說，多半是虔誠的教徒。如是女性通常是身材勻稱、五官端正的美人，心地善良、愛照顧人。

缺點：個性柔弱羞怯，但又頗有些固執。有時太過悲觀，遇事猶豫不決，容易聽天由命。喜聽阿諛奉承之語。

大吉婚配：兔、馬、猴、豬。

忌婚配：牛、龍、狗。

猴

猴是無臀的，所以坐不住，善於變動，在社會上經常換工作的以屬猴的最多，因為猴子有善變、多計謀、狡滑偽善的個性，與古時諸侯性質很相近。古時諸侯們各據一方，個個多計謀善變，狡滑欺詐的事各盡己能，所以當初形容各據一方的霸主如一群猴子的王一樣，善指揮應變，因而諸侯的「侯」字是將猴的犬去除，代表人而成「侯」，其道理在此。

體缺：無臀。

優點：頭腦聰明，性格活潑好動，反應靈敏，記憶力驚人，有俠義精神。社交手腕高明，能言善辯，善於交友，有極強的自我表現慾，不喜歡被人控制，喜愛追求新鮮。非常適合演藝和推銷工作。男性精力充沛，機智勇敢，對環境變化有很強的適應能力。

缺點：性格貪玩且缺乏毅力，目光短淺，依賴心太重，做事不能堅持。不腳踏實地，愛說大話，投機心理太強。猴年生人無論說話、做事一定要誠實、踏實，否則會敗得一塌糊塗。

大吉婚配：鼠、龍。

忌婚配：虎、蛇、豬。

雞

雞的任務是在早晨鳴叫，喚人起床，所以屬雞的人必定要有恆定的毅力。而世間百業中以雕刻最需要毅力，所以造字時「雕」字從雞。

體缺：無胃。

優點：勇敢風趣，機智多謀，熱情慷慨，好勝心強，極有毅力。交友廣闊，善於言辭，說話坦白，善於辯論又具說服力。講究穿著，新潮時尚，看不起那些不修邊幅的人。凡事不願落後，富於責任感，嚴守紀律，做事很穩定。愛好別人恭維，同時喜歡讚美別人。坦白活躍，專心一意，勤奮。個性好勝專注，凡事不願落人之後，頭腦反應快。深思熟慮勤奮能幹，富責任感嚴守紀律，討厭遊手好閒的人。

缺點：做事往往是紙上談兵，少有心動。處事樂觀但刻薄短視，太過自以為是。說話不顧別人的感受，不接納意見，喜怒太過溢於言表。喜歡嘮叨，心胸狹窄，性情急躁，愛慕虛榮。

大吉婚配：牛、龍、蛇。

忌婚配：鼠、馬、兔。

狗

狗是人類最忠實的朋友，因此凡是對人不忠不實者，必遭人與狗的抗議，要關起來，故此「獄」字左右以犬抗議而組成。

體缺：腸短。

優點：純樸正直，豪爽勇敢，忠實可靠，正義感十足。行動敏捷，反應靈活，勤勉敬業，具有遠大志向，有領導才能。待人友善，風趣詼諧，樂於助人，以正義使者自居，因此很受人尊重。明是非，絕不會為了自身利益做出違背道義的事。對感情忠貞不二。

缺點：在現實中缺乏行動力及判斷力，不可獨斷獨行否則易遭極大挫折。感情起伏大，易躁易怒，逞強鬥狠，善猜疑喜挑剔。喜愛批評別人。有時會莫名的自我封閉或沉默不語。

大吉婚配：虎、兔、馬。

忌婚配：牛、龍、羊、雞。

豬

屬豬者非常重眠，只要睡眠充足便精力充沛，反之則百病叢生。又豬的個性坦白、直率不善隱瞞，故造「櫫」字為揭示之意，「揭櫫於世」亦即公佈。

體缺：體筋。

優點：心地善良，真誠正直，光明磊落，樂天知命。智力過人，求知慾強，沒有什麼競爭意識，但不需過分操勞便可維持生計。絕不會出賣朋友，對真正的朋友會照顧得無微不至，因此人緣極佳。最能容忍別人譏笑，逆來順受。女性非常重視家庭。

缺點：貪玩無進取心。容易衝動，缺乏溝通協調精神。對人沒有猜疑而常受騙上當。不善交際。女性好猜疑嫉妒、氣短淺見。屬豬者最惡劣的個性就是會存心搗蛋，絕不會中途而廢，一定會弄到別人一敗塗地方肯甘休。

大吉婚配：羊、兔。

忌婚配：蛇、猴、虎。

看看你的個性密碼

想知道你的真實性格是什麼樣嗎？做完下面的題目，將你的分數加起來就知道了。

（1）若是給你一塊地蓋養老用的房子，你會蓋在哪？

A、河邊（8分）

B、湖邊（8分）

C、森林裡（10分）

D、小河邊（15分）

（2）吃西餐時，你會先吃哪一樣？

A、麵包（6分）

B、沙拉（6分）

C、飲料（6分）

D、肉類（15分）

（3）如果碰上節日慶祝要喝飲料，你覺得下面哪種搭配比較適合你？

A、情人節vs葡萄酒（1分）

B、新年vs牛奶（6分）

C、國慶日vs威士忌（6分）

D、耶誕節vs香檳（15分）

（4）你通常什麼時候洗澡？

A、早上起床時（3分）

B、看完電視後（6分）

C、沒有特定時間（6分）

D、上床前（8分）

E、吃完晚飯後（10分）

F、吃晚飯前（15分）

（5）如果你可以變成天空中的一種，你希望變成什麼呢？

A、太陽（1分）

B、月亮（1分）

C、星星（8分）

D、雲朵（15分）

（6）你覺得用紅色筆寫的「愛」字比用綠色筆更能代表真愛嗎？

A、是（1分）

B、否（3分）

（7）你喜歡哪種顏色的窗簾？

A、黑色（1分）

B、黃色（1分）

C、橙色（3分）

D、藍色（6分）

E、綠色（6分）

F、白色（8分）

G、紫色（10分）

H、紅色（15分）

（8）你最喜歡哪種水果？

A、葡萄（1分）

B、櫻桃（3分）

C、柿子（3分）

D、梨子（6分）

E、哈密瓜（6分）

F、橘子（8分）

G、葡萄柚（8分）

H、蘋果（10分）

I、木瓜（10分）

J、香蕉（15分）

K、鳳梨（15分）

（9）如果你變成下面的動物，你希望你身上長出什麼顏色的毛呢？

A、大象vs綠毛（1分）

B、貓咪vs藍毛（6分）

C、狐狸vs黃毛（6分）

D、獅子vs紅毛（15分）

（10）你會為了名利、權位，刻意討好上司或朋友嗎？

A、不會（1分）

B、會（3分）

（11）你認為朋友比家人更重要嗎？

A、不是（6分）

B、是（15分）

（12）如果你是一隻白蝴蝶，你會想停在哪種顏色的花上呢？

A、黃色（3分）

B、紫色（6分）

C、粉紅色（8分）

D、紅色（15分）

（13）無聊時，你會看什麼電視節目？

A、連續劇（6分）

B、電影頻道（10分）

C、綜藝節目（10分）

D、新聞節目（15分）

E、體育節目（15分）

【解答】

40分以下：現實、自我。

你是個很有心計的人，對任何事都充滿企圖心，總是想表現自己，因此能夠為自己創造一番天地。但有時因為你太過主觀，只為自己打算，又不願意告訴別人自己的想法，會讓人覺得你自私自利，於是會造成人際關係方面的壓力。學著不要太過固執己見，試著考慮別人的感受，才能讓你活得更開心。

40～59分：孤寂。

你對於現實不滿，覺得找不到生活的目標，而且沒有人瞭解自己。其實你很喜歡在人群中，但人多又會讓你不知道該怎麼表現自己，覺得慌亂。你不善於表達自己的情緒，不懂得與人相處，有時你會為了他人委屈自己，但又因為自己的情緒不能表達而遭到壓抑，造成自閉。學會如何發洩情緒與傳達自己的意見，是首先需要學習的。

60～78分：理性淡定。

你做事謹慎認真、公私分明，熱愛自由，討厭束縛，是個冷靜自持的人。你與世無爭，只要自己生活的安定，不會去計較太多其他的事。但你自我保護太過，覺得什麼事都能自己扛過去，因此有時寧願獨自承受壓力，也不願向好友傾訴自己內心的祕密。

79～89分：感性。

你表達能力極強，擁有豐富的想像力，充滿夢想。但你個性優柔寡斷，又一味跟著感覺走，因此你容易沉醉在羅曼蒂克與甜言蜜語之中，對愛情總是既期待又怕受傷，容易胡思亂想。

90～100分：領導者。

你喜歡思考，做事條理分明，熱愛學習，永遠都在追求完美。但你也喜歡命令別人，非常反感他人的質疑，一旦輸給別人會令你無法接受。

100分以上：積極熱情。

你熱情開朗，做事乾脆俐落，又樂於助人。你勇於追求自己的理想，從不放棄希望，就算是挫折失敗也只會讓你更加努力。和你在一起會讓人充滿生機和活力，你對生活的積極態度和你的友善會讓人都樂觀起來，因此大家都願意親近你。但是，你太過坦然直接和不拘小節的性格，有時會讓你有些孩子氣。

妳是哪種性感小女人

女人總是希望自己時刻都能展現出最吸引人的一面，成為眾人的焦點，不過，究竟妳的魅力何在呢？測試一下，讓你更好的認識妳自己的優勢吧！

占卜方法：

每一題的答案轉到相對的題目。

（1）有令妳心動的男孩在場時，妳會：

變得格外興奮，極力表現——接Q2

變得害羞、緊張、不自然——接Q3

（2）妳是否特別在意約會地點的環境與氛圍？

是的，這是我是否答應約會的原因——接Q4

只要是喜歡的人，在哪裡都無所謂——接Q5

（3）不喜歡的人向妳示愛，妳會：

婉言謝絕，並表示他會有更好的選擇——接Q6

直接回絕，甚至不聽他把話說完——接Q7

（4）妳相信童話一樣浪漫完美的愛情故事嗎？

相信——接Q8

不信，那都是杜撰出來的——接Q9

（5）妳有過長時間艱苦的等待只為獲得偶像簽名的經驗嗎？

有——接Q10

沒有——接Q9

（6）妳喜歡與他一起參加聚會還是只願與他單獨待在一起？

參加聚會——接Q7

兩人單獨待在一起——接Q8

（7）妳什麼事總能想到他嗎？

是的——接Q11

很難——接Q10

（8）和他說話時，妳會不會突然變得特別溫柔？

是的——接Q12

不會，還是往常那樣——接Q13

（9）妳相信星座嗎？

相信——接Q14

不信——接Q15

（10）在他面前，妳會不會時常講述自己與朋友們的趣事？

是的——接Q11

很少提起——接Q14

（11）妳打電話找他時正好他的電話關機，妳會不會追問緣故？

是的，我會問一下——接Q16

不會，也許他的手機正好沒電——接Q17

（12）妳能守得住祕密嗎？

能——接Q15

好像不能——接Q18

（13）妳小時候的毛絨玩具都還在嗎？

是的——接Q16

早就不知道到哪裡去了——接Q17

（14）妳覺得金錢對於愛情重要嗎？

是的，非常重要，那是必要的基礎——接Q17

從沒考慮過——接Q19

（15）妳做過身穿婚紗走在紅毯上的夢嗎？

是的，做過——C

沒有——F

（16）一個人沒事的時候妳會選擇：

逛街——A

在家看書或是看電視——B

（17）妳會主動對父母說起自己感情方面的事情嗎？

是的——D

很少，就算父母問也不一定會說——E

（18）妳常向好朋友說起自己的煩心事嗎？

是的——A

不會——E

（19）做錯了事，男友埋怨妳，妳能接受嗎？

能——B

不能——C

（20）妳有沒有將自己的男友打造成升級版的計畫？

有——D

沒有——F

【解答】

A、妳是熱情活潑、時尚前衛的性感小女人。

B、妳是親切善良、溫柔優雅的性感小女人。

C、妳是書卷味與藝術氣息十足的性感小女人。

D、妳是嬌柔可人、多愁善感的性感小女人。

E、妳是善解人意、紅顏知己型的性感小女人。

F、妳是精靈古怪、調皮野蠻的性感小女人。

生命靈數大揭祕

每個人都有自己獨有的星座、生肖和血型，它決定了我們的個性、觀念，乃至今後的命運等等許多許多東西，不過你知道嗎？每個人還有一個屬於自己的密碼，它同樣會影響每個人的性格，這就是生命靈數。

先學著計算你的生命靈數吧！將你出生年月日的八個數字相加，會得到一個十位數，再將這個數的個位與十位相加，最後得到的數就是你的生命靈數。比如說生日是1981年12月26日，生命靈數就是1＋9＋8＋1＋1＋2＋2＋6＝30，3＋0＝3，也就是3。

不同的生命靈數對性格生成會有不同的影響，如果有時候你覺得你的性格與星座不太相符的話，那也許是生命靈數在作怪。下面就對照你的星座和生命靈數，來看看你的真實個性喔！

【解答】

牡羊座：

生命靈數1：你是個主觀意念很強的人，只想著自己想做的事。

生命靈數2：你的個性比較害羞，會在意別人的眼光。

生命靈數3：你喜歡表達自己的想法，但別忘了多聽聽別人的意見。

生命靈數4：你是個腳踏實地的人，一直在為了未來而努力。

生命靈數5：最愛玩的牡羊非你莫屬，尤其喜歡到處去湊熱鬧。

生命靈數6：你很固執，尤其是遇到感情上的問題。

生命靈數7：你如果覺得自己有道理就非常堅持，不聽別人的意見。

生命靈數8：你在學習和工作上非常投入，期望獲得實際的成就。

生命靈數9：你是不切實際的人，但你的熱情能夠將不可能變為可能。

金牛座：

生命靈數1：你很有主見，也有很強的行動力，做事情不喜歡別人干涉。

生命靈數2：你很重視人際關係，也比較容易受別人的影響。

生命靈數3：你是金牛座中比較靈活的那個，喜歡發表自己的獨特觀點。

生命靈數4：你是金牛座中最固執的，想法常常和別人不太一樣。

生命靈數5：你多才多藝，如果能好好發揮一定會很有成就。

生命靈數6：你是最念舊的金牛座，對於自己重視的東西會非常呵護。

生命靈數7：你性格有些叛逆，有自己的想法，不容易被別人說服。

生命靈數8：你很重視實際層面的成就，會努力讓自己成功。

生命靈數9：你是金牛座中最有夢想的，但是要多學習如何在現實中實現它。

雙子座：

生命靈數1：你喜歡自由自在，但會沉迷於自己感興趣的東西。

生命靈數2：你最喜歡與別人溝通，不過很容易受外來的影響。

生命靈數3：你是雙子座中最為多才多藝的，什麼東西都是一學就會。

生命靈數4：你看似隨和，其實對自己的生活很有計畫。

生命靈數5：你天生坐不住，喜歡到處亂跑，所以交友滿天下。

生命靈數6：你是雙子中最講感情的，尤其重視老朋友之間的感情。

生命靈數7：你是雙子中最刁鑽古怪的，常有些讓人意想不到的奇怪問題。

生命靈數8：你喜歡享受生活，特別注重自己的生活品質。

生命靈數9：你是雙子中最會胡思亂想的，同時也是比較熱情的。

巨蟹座：

生命靈數1：你個性上有點自閉，所以難以和別人有好的交流。

生命靈數2：你很看重別人的意見，但要小心因此喪失自我。

生命靈數3：喜歡感情上的表達與溝通，在藝術上有不錯的天分。

生命靈數4：你是巨蟹座中比較龜毛的，尤其重視自己生活的規律。

生命靈數5：你喜歡自由，不能受到太多拘束。

生命靈數6：你是巨蟹座中最重感情的，但對感情要求完美。

生命靈數7：你是巨蟹座中想得最多的，性格也極為固執。

生命靈數8：你很重視現實上的成就與穩定，會努力讓自己的生活更好。

生命靈數9：你是巨蟹座中最熱情的那個，但剛到新的環境會比較害羞。

獅子座：

生命靈數1：你是獅子座中最為自我的，但要小心因此造成人際問題。

生命靈數2：別人的肯定對你來說非常重要，但切不可失去自我。

生命靈數3：你是獅子座中最愛表現自己的，在人際關係中八面玲瓏。

生命靈數4：你是隻固執的獅子，而且在行動上比較缺乏冒險精神。

生命靈數5：最熱愛自由的獅子就是你啦！

生命靈數6：你是獅子座中比較龜毛的，尤其是感情的表達上會顯得害羞。

生命靈數7：你雖然主觀，但還是很有思想的。

生命靈數8：你是一個講究生活品味的人，喜歡從容優渥地過日子。

生命靈數9：你的熱情很容易感動別人，在人群中常是最受歡迎的那一個。

處女座：

生命靈數1：你有點孤僻，常常覺得別人不瞭解你。

生命靈數2：你很注重別人的意見，待人誠懇。

生命靈數3：能力頗佳的你很適合擔任發言或主持的職務。

生命靈數4：你容易自我束縛，放開一點比較好。

生命靈數5：你是外向的處女座，有許多朋友，但知心的並不多。

生命靈數6：你是非常非常念舊的人，尤其在感情上，常常難以割捨。

生命靈數7：你的個性比較剛直，不過在與人相處時還是要多體諒別人喔！

生命靈數8：你是比較圓滑的人，很瞭解應該如何與人交往。

生命靈數9：你對自己喜愛的事情非常狂熱。

天秤座：

生命靈數1：你是天秤中比較獨立的，在決定事情時也不會猶豫不決。

生命靈數2：你是最需要別人陪伴的天秤座，孤身一人會讓你感到不安。

生命靈數3：你是最有才華的天秤座，在藝術領域有不錯的天分。

生命靈數4：天秤中你最重視實際，也是比較有責任感的。

生命靈數5：你最愛玩了，所有有趣的事你都不會放過。

生命靈數6：你最忠實感情，感情的順利與否對你來說非常重要。

生命靈數7：你是天秤中最喜歡思考的，總是期望找到處理事情的最好方法。

生命靈數8：你很重視生活的感覺，也不能忍受太差的生活環境。

生命靈數9：你腦海中充滿著不切實際的想法，而且熱情常常無法持久。

天蠍座：

生命靈數1：你很重視自己的目標，不會理會身邊的人在做什麼。

生命靈數2：你很在乎兩人關係上的忠誠，會全心全意的對待另一半。

生命靈數3：人際關係的處理是你的專長，與人溝通對你來說從不是問題。

生命靈數4：你是非常非常固執的，一旦決定的事就難以改變。

生命靈數5：你是天蠍座中最開朗的，也是最容易與大家打成一片的。

生命靈數6：你是個完美主義者，尤其重視感情方面的經營。

生命靈數7：你想的很多，常常會意識到別人忽略的問題。

生命靈數8：你很重視自己的社會地位，認為是屬於自己的就會去努力爭取。

生命靈數9：你對於自己喜歡或相信的事是非常狂熱的。

射手座：

生命靈數1：你的行動力很強，一旦有認定的目標就會立刻行動。

生命靈數2：你善於與人溝通，因此常常能得到別人的幫助。

生命靈數3：你在藝術上相當有才華，不妨好好發揮。

生命靈數4：你很有自己的想法，也是射手座中最重視生活規律的。

生命靈數5：你是個閒不住的人，一直待在同一個地方會讓你憋悶。

生命靈數6：你是很重視親情的人，在人際交往上也很擅長喔！

生命靈數7：你想得太多，又有點固執，很容易疑神疑鬼喔！

生命靈數8：你很希望能有所成就，獲得優渥的生活環境。

生命靈數9：你是最好的party主人，很受大家歡迎。

魔羯座：

生命靈數1：你的自尊心很強，會默默的努力讓自己有所成就。

生命靈數2：你覺得友情和愛情都是生命中極重要的事。

生命靈數3：只要你多加努力就能展現出自己的才華，會很有成就喔！

生命靈數4：你很重視腳踏實地的生活，會努力讓自己生活穩定下來。

生命靈數5：你是魔羯座中比較開朗的那一型。

生命靈數6：對你來說，穩定的生活就表示有穩定的感情。

生命靈數7：你很聰明，但有時會因情緒化而下錯判斷。

生命靈數8：你渴望功成名就，會努力實現自己的目標。

生命靈數9：只要是自己想做的事你就非常投入，不過有時會忘了其他。

水瓶座：

生命靈數1：你是最自閉的水瓶座，有時候會顯得太過我行我素了些。

生命靈數2：你比較容易受到別人的影響，幸而不會失去自己原本的主張。

生命靈數3：你是個多才多藝的人，而且很擅長與人溝通。

生命靈數4：你習慣於維持某一種生活方式，不喜歡變化。

生命靈數5：你的朋友很多，可是你常常會讓人找不到。

生命靈數6：你是比較重感情的水瓶座，但桃花運也旺，感情問題比較多。

生命靈數7：你是水瓶座中最理性的，但要記得太聰明的話並不一定太討人喜歡喔！

生命靈數8：你是水瓶座中比較重視物質的，會去追求自己所想要的生活。

生命靈數9：你的理想非常高遠，如果持續努力，成功的機會是很大的。

雙魚座：

生命靈數1：你容易沉溺在自己的世界，忘記身邊還有別人的存在。

生命靈數2：你很容易受到別人的影響，而忘記了自己原本的目標。

生命靈數3：你是天生的藝術家，但太不關注現實了。

生命靈數4：你希望能過穩定的生活，討厭太過混亂的日子。

生命靈數5：你沒什麼目標，幾乎什麼事都會去嘗試，但都不長久。

生命靈數6：感情是你最煩惱的事，常常因此而受到打擊或挫折。

生命靈數7：你想得很多，尤其是自己的事情，會非常主觀。

生命靈數8：你是喜歡享受的雙魚座，對於小事都非常的注意。

生命靈數9：你對於某些事都抱著很大的興趣，但過度的話會顯得偏執。

嘴唇形狀看個性

俗語說：「男兒嘴大吃四方」、「女子嘴大食窮郎」，此話雖有開玩笑的成分，但卻可見一直以來中國人就認為嘴唇可以透露一個人的性格、習慣、健康乃至命運。比如說覺得嘴唇殷紅的女性代表吉利，而紫色唇則表示淫相或者易患心臟病。那麼，嘴唇的形狀到底蘊含著什麼樣的性格特徵呢？

（1）嘴唇輪廓大。

嘴唇大表示膽量大，說明此人有衝勁，對生活充滿熱情。

（2）嘴唇輪廓小。

嘴唇小表示處事謹慎、保守，但也因此很難成就大事業。

（3）唇厚的女性。

唇厚的女性對各種事情都很擅長，能夠處理得當，而且重視感情。

（4）上唇厚。

上唇厚的人重視戀愛，作風大膽，若為男性情深義重，女性則風情萬種，上唇越厚則越懂異性心理。

（5）下唇厚。

一切以自我為中心，但終生順利。

（6）唇薄。

唇薄者很善於隨機應變，而且吃苦耐勞。

（7）上唇太薄。

此類人對愛情淡漠、被動。

（8）嘴唇太薄且大。

多酗酒，且容易酒精中毒。

血型看說話習慣

【解答】

A型

A型的人說話條理分明，禮貌周到，而且說話時他們喜歡注視著對方的臉，在聽對方說話時，他們還會頻頻點頭，表示同意。此外，在講電話的時候，A型的人喜歡不由自主地拿著筆在紙上亂畫。

B型

B型的人說話幽默風趣，而更特別的是，他們說話的時候會手舞足蹈，大肆比劃，而且一會兒坐著，一會兒又站起來，完全沒有辦法安安靜靜坐著說話，這是因為B型的人天生太過活潑好動。

AB型

AB型的人口才極好，談話內容豐富，表達風趣，再加上他們也很善於傾聽對方的說話，因此是極好的談話對象。但是，AB型的人在與他人談話時，也會有不由自主的肢體動作，比如說，如果他對你的觀點覺得需要思考或表示質疑的時候，會不自覺地輕輕搖頭，這樣會影響到說話者的情緒，所以應該注意自己的表現。

O型

O型的人說話簡單明瞭，強而有力，說到得意的時候會忘乎所以，習慣性地觸碰對方的身體，比如拍肩膀之類。但是要注意，如果是不太習慣肢體接觸的陌生人，你這樣的舉動可能會遭致對方的反感喔！

你心中藏著哪種妖怪

每個人都有不可告人的祕密，它就好像一個怪物藏在我們心中。你呢？你的心中住著什麼樣的怪物，它會帶給你什麼樣的特質呢？

占卜方法：

（1）數字的演算法也是將年月日全部拆成個位數相加，直接取所得數字的個位數，就是你的命運數字。也就是，如果是1992年4月23日出生的人，那麼1＋9＋9＋2＋4＋2＋3＝30，命運數字就是「0」。

（2）選出以下你認為「即使只有一次也想試試看」的事情。

①創造自己的國家，自任國王。

②和你最愛的偶像約會一整天。

③中了彩券，成為大富翁。

④來一場星際旅行，並登上月球。

（3）將你的命運數字和（2）中你的選擇對照下表，就能夠知道你的心中藏著哪種怪物了。

命運數字	①	②	③	④
0	B	G	D	C
1	F	D	H	B
2	E	A	F	G
3	H	G	B	G
4	A	H	C	G
5	F	E	H	D
6	G	A	D	F
7	B	E	F	A
8	E	C	B	F
9	E	C	B	F

【解答】

A、人魚。

別人眼中的妳：妳的第一印象會給人文靜、謹慎的印象，充滿女性魅力。因為妳不喜歡引人注目，所以通常不表達自己的意見，也懂得尊重對方，因此很受長輩的喜愛。

怪物特質：外表文靜的妳其實是善於對付敵人的恐怖類型喔！妳的內心非常熱情，如果面對喜歡的男生，妳會毫不猶豫地主動示愛。但如果感情不順的話，妳會表現得楚楚可憐，反而會吸引很多的男生。如果有情敵出現，強烈的嫉妒心會讓妳背地裡到處說對方壞話，試圖排擠對方。如果男友提出分手的話，妳是一定會想辦法報復他。

潛在野心：希望受歡迎的男生崇拜妳！

弱點：被人看出妳的文靜是裝出來的。

出沒時間：有比自己受歡迎的女生出現時。

親密的怪物好友：哭嬰聲老頭、三眼小和尚。

天敵：狼人。

B、吸血鬼。

別人眼中的你：你是個情願窩在家中不動的傢伙，白天的你很安靜，尤其是上課的時候會昏昏欲睡。不過如果朋友有什麼惡作劇的話你也會參與。

怪物特質：身為吸血鬼，晚上才是你生活的重點，要不就出門和朋友聚會，就算是不出門，也會看電視看到深夜，或者和朋友煲電話粥。而且你一向不喜歡獨自一人，因此不斷增加自己的夥伴，最好是成為一個龐大的集體才好。不過，太多的夜生活可能讓家人對你不滿喔！另外對某些天生具備藝術才華的吸血鬼來說，晚上才是才華發揮的最好時候。

潛在野心：把大家都帶入吸血鬼的世界！

弱點：在太陽下活動。

出沒時間：夜深的時候。

親密的怪物好友：科學怪人、木乃伊。

天敵：人魚。

C、哭嬰聲老頭。

別人眼中的你：你很重視他人，總是希望能夠和別人和平共處，並發展出更親近的關係。你擅長團隊合作，往往能提出讓人覺得很好的建議。

怪物特質：看起來你很能讓人依靠，但實際上卻很依賴人。雖然你總是能提出很多建議，但自己卻缺少實際的行動，都只是口頭說說而已。而且你還有一點小氣，會向朋友借東西，但自己喜歡的東西卻不肯借給別人，久而久之就會使人不再信任你。

潛在的怪物野心：想藉別人的力量過快樂的生活。

弱點：不負責任的態度小心被拆穿。

出沒時間：繁忙時就會變成怪物！

親密的怪物好友：人魚、長脖子妖怪。

天敵：木乃伊。

D、長脖子妖怪。

別人眼中的你：平時你穩重踏實，只要決定了事就會認認真真去做，因此很受朋友的尊重和信賴。再加上你既不說謊也不會出賣朋友，所以友情基本上都很長久。只不過你上課的時候喜歡東張西望，不專心喔！

怪物特質：你太過重視感情，結果因為太在乎反而變得拖沓起來。你喜歡和朋友長久在一起，就算是上個廁所也要結伴而去，所以一旦朋友和他人比較親密的時候就會讓你有被忽略的感覺。戀愛時候也是一樣，你會變得非常嘮叨，結果反而讓對方對你敬而遠之。要知道不管戀愛還是友情，最好彼此保留各自的空間才好。

潛在的怪物野心：希望朋友和戀人絕不會背叛你！

弱點：一個人孤伶伶沒有朋友的時候。

出沒時間：找到「可以信賴」的人。

親密的怪物好友：吸血鬼、三眼小和尚。

天敵：科學怪人。

E、科學怪人。

別人眼中的你：你穩重大方，待人和善，因此大家都很喜歡你，樂意與你交往。而且你聰明靈巧、興趣廣泛，什麼東西都能很快學會，進而也能認識很多朋友。

怪物特質：故事中的科學怪人是由許多人的部分身體所製造的怪物，而你就如科學怪人一樣，缺少「自我」。你太容易受到別人的影響，別人喜歡的東西你也會喜歡，穿著打扮也會因別人的評價而改變，就算是與人交往時，也會順著對方的喜好說話、做事，看似謙遜，但實際就是沒個性。

潛在的怪物野心：希望學到別人優秀的地方！

弱點：被人指責「不要模仿我」時。

出沒時間：看見具有自己所沒有的特質的人。

親密的怪物好友：狼人、三眼小和尚。

天敵：吸血鬼。

F、狼人。

別人眼中的你：你是典型的「好人」，待人親切，對別人的請求從來不會說不，甚至會在別人要求之前主動施以援手，加上你氣質可親，因此朋友極多。

怪物特質：狼人會在月圓之夜變身，變得狂暴瘋狂，完全失去理智，而你也是一樣，平常雖然溫和可親，但遇到壓力太大的時候，你就會忽然爆發，大發脾氣，說些平常絕對不會說的粗話或尖酸刺耳的話，或者胡亂花錢購物來發洩，但這種狀況往往只會持續一、兩天，過了之後又會恢復正常。這種情況連你自己也無法控制，但見識到你變身面目的人卻會感到害怕。

潛在的怪物野心：非常不想當「好孩子」。

弱點：被喜歡的人看到兇暴的樣子。

出沒時間：積壓了許多壓力時。

親密的怪物朋友：科學怪人、木乃伊。

天敵：三眼小和尚。

G、三眼小和尚。

別人眼中的妳：妳爽朗大方，樂觀活潑，總是不斷逗朋友們開心，只要有妳在，任何地方都會明亮起來。雖然不夠性感，但這種特質卻更能吸引男生呢！

怪物物質：妳的好奇心太過旺盛，對於任何事情都想要知道，喜歡打聽朋友的祕密卻又不能保守祕密，有時會讓人討厭。妳喜歡各種新鮮的事物，但又會很快厭倦。在戀愛上也是一樣，常常會迅速轉移目標，讓大家驚訝不已。

潛在的怪物野心：想發現刺激的東西瞭解它。

弱點：太過自信而導致失敗。

出沒時間：嗅出周圍有麻煩的氣息。

親密的怪物好友：人魚、長脖子妖怪 。

天敵：哭嬰聲老頭。

H、木乃伊。

別人眼中的你：你知識豐富，想法又多，是個非常有個性和藝術氣質的人，而且你擅長打扮自己，是朋友中的時尚達人。不過你不喜歡開闊的地方，而更願意待在狹窄的空間裡。

怪物特質：你總是很害怕讓別人看到真正的自己，即使是面對朋友，也很難說出自己的心裡話，所有的祕密都藏在自己心中。另外你會記恨對自己不好的人，希望能夠獲得眾人的關注。如果能學著袒露自己，拉近和朋友的距離，就能讓你更受歡迎喔！

潛在的怪物野心：最好我討厭的人都會不幸！

弱點：受到「說謊會自食惡果」的約束。

出沒時間：交到關係好的朋友時。

親密的怪物好友：吸血鬼、狼人。

天敵：長脖子怪物。

你適合養貓還是狗

很多人會在家裡養金魚招財，有人相信燕子築巢代表吉祥，那麼，最常見的寵物貓、狗又會帶來什麼呢？不同生肖的人飼養寵物，其實是會影響運程的喔！

【解答】

（1）狗：有利於生肖為虎、馬、兔、狗者；不利於生肖為龍、雞者。

生肖為虎、馬者，養多少狗都可以，有利於人際關係，幫助家庭和諧；生肖為兔者，只能養一隻，如果多養則會招小人，容易得罪人；生肖為狗者，適合養一隻，有利於人際關係，但也有可能導致事情不順。

生肖為龍者，不利人際關係，容易招惹是非；生肖為雞者，容易導致家庭關係不睦。

化解之法：在家中西北方向放置粉水晶化解。

（2）貓：有利於生肖為虎、豬、牛、羊者；不利於生肖為鼠、狗、蛇、猴者。

生肖為虎者，可以多養，可提升運氣；生肖為豬者，適合養一隻，有利於緩解壓力，放鬆心情；生肖為牛、羊者，只能養一隻，可催旺事業，提升人際關係。

生肖為鼠者，使自身運勢受損；生肖為狗者，導致脾氣暴躁，容易與人發生爭執；生肖為蛇者，使其運勢阻滯，不利於發展；生肖為猴者，使事業上的障礙增多。

化解之法：在家中東北方向放置白水晶化解。

你想當什麼樣的導演

如果讓你當電影導演，你最想拍的是哪一種場景呢？（這個測試可以知道你在異性眼中是什麼樣的人。）

A、古惑仔的兇狠械鬥。

B、斷背山似的同志片。

C、驚悚鬼片。

【解答】

A、在異性的眼中，你忠厚老實，給人百分之百的安全感。

B、在異性的眼中，你非常的溫柔體貼，讓人感覺貼心。其實你和同性在一起的時候可是很強悍的。

C、你最能吸引異性的地方是你的聰明才智，它能夠讓異性對你產生崇拜的心理，覺得和你一起的生活很有保障。

喜歡的寶石看性格

在下面七款寶石中，你最喜歡的是哪種？

A、鑽石。 B、紅寶石。 C、藍寶石。 D、紫水晶。

E、翡翠。 F、珍珠。 G、珊瑚。

【解答】

A、鑽石代表著財富與權力，選擇它的你較為現實，目標明確，對新的事物有無限好奇，對錢財的慾望也比較強烈。

B、喜歡紅寶石的你熱情開朗，極具行動力，樂於嘗試一切新的事物。不過性格叛逆，容易與人發生爭執。

C、你做事認真，但胸無城府，不知轉圜，行動力稍顯不足。你很能控制自己的情緒，遷就他人，因此很討人喜歡。

D、喜歡紫水晶的人多是個性文靜嫻雅的女子，可見妳性格聰慧，想像力也強人一等，多愛好藝術。

E、喜歡翡翠的你開朗樂觀，從不會為了人生中的不如意而鬱鬱寡歡，就算有打擊挫折，你也總是能夠很快振作起來，重新投入到自己的生活中去。

F、喜歡珍珠的你有顆純真而善良的心，總是時時刻刻為他人著想，可惜你不善於表現自己，總是羞於表達自己的真實情感。

G、珊瑚是傳說中避邪的聖物。喜歡珊瑚的人頗有靈感，對神祕的事物特別感興趣，因此有時會因突發其想而有收穫。

血型決定你的個性裝扮

不同的血型給了我們不同的個性，而不同的個性也會讓我們選擇不同的穿著打扮，你的血型決定了你選擇什麼樣的裝扮呢？

【解答】

A型

A型人禮貌整潔，做事認真，善於傾聽，總是顧及別人的感受，不多說無謂的話。說話做事都經過詳細的考慮，一件事不完成，絕不會做下一件事。A型人對時尚潮流非常敏感，喜歡打扮，但並不華麗，整體上會比較樸素。A型人對色彩非常敏感，挑選服裝時以色彩為主，而且重視整潔，強調重點。

B型

B型人開朗敏捷，幹勁十足，善於言辭，能夠體會到對方的心思和行動，進而很好的配合對方。但性格有些大而化之，容易忽略細節，有時行動太過誇張。這樣的B型人對自己的穿著並不是太在意，但對服裝有嚴謹而卓越的批評眼光，選擇服裝時以花樣為主。

AB型

AB型人纖細敏感，言辭謹慎，行動縝密，堅持主見，談起話來很嚴厲，主張很強硬。此類人的穿著很極端，有時候中規中矩，有時候又非常邋遢，AB型人喜歡呈強烈對比的衣服，更傾向於選擇不調和的衣服進行搭配，選擇服飾以色彩為主。

O型

O型人考慮細緻，顧全大局，做事積極，能將事實清晰地表達出來，但非常固執己見。O型人穿著整潔大氣，雖然不華麗，但相當漂亮，他們不喜歡鮮豔的色彩，更注重服裝的設計和獨特個性，選擇服裝以花樣為主。

零食蘊含的訊息

女孩子比男生更喜歡零食，有些人喜歡看電視時吃零食，有些人心情不好的時候喜歡找零食發洩，那麼，十二星座中到底誰最喜歡零食呢？不同的星座對於零食的表現又是怎麼樣的呢？

【解答】

第一名牡羊座：

牡羊座一向不懂得節制，肆意而為，所以面對各式零食也是最沒有克制力的。要是碰上情緒不穩或煩悶的時候，會把零食當做精神寄託，甚至是鎮靜劑。

第二名天秤座：

天秤座喜歡與朋友分享東西，所以就算他不是很愛吃零食，也會經常購買，這是他幫助溝通的社交手段，也能夠在旅行和集體活動的時候和朋友共用。

第三名射手座：

射手座是很容易發胖的類型，雖然明知道自己的體質，但看到了高熱量、高糖分的零食還是抵抗不了，於是對零食又愛又恨，一邊抗拒一邊大吃特吃。

第四名獅子座：

獅子座喜歡與眾不同的零食，比如最新出的、價格昂貴的零食，不過他並不是想炫耀喔！他才不在乎別人的評價呢！他只是真的喜歡與眾不同的東西而已。

第五名水瓶座：

水瓶座喜歡能夠飽腹的零食，比如餅乾、消化餅之類，至於糖果、肉干等物則沒有興趣。

第六名金牛座：

金牛座喜歡口味新奇獨特的零食，要嘛就辣到不行，要嘛就酸到流淚，常見的味道可不是他想要的，而且金牛喜歡不斷尋找新的口味，是花心零食愛好者。

第七名雙魚座：

雙魚座如此的情緒化，乃至對零食的愛好也會隨著心情的變化而轉變，雙魚有時可以吃許多許多的零食，有時完全不吃，會依心情而定。而且魚魚是最重視健康飲食的那個，只會選擇健康的零食。

第八名處女座：

處女座選擇的食物是那些充滿了回憶和感情的，比如和初戀情人一同食用過的零食之類。當心情起伏的時候，處女座才會在零食中懷念過去。

第九名魔羯座：

魔羯座是頑固的單一零食愛好者，對於零食的味道有極嚴格的要求，只會選擇固定的品牌和口味，就算是一時買不到這種零食，也不會選擇其他類似的食物。

第十名巨蟹座：

巨蟹座對零食興趣缺乏，但如果有零食擺在身邊，卻會不停地吃，對巨蟹來說，零食只是消磨時間或幫助思考的某種方法，吃的是什麼東西反而沒那麼重要了。

第十一名雙子座：

雙子座最愛玩樂，吃零食這種娛樂當然也不可少，不過雙子也並不太計較零食的味道，而喜歡包裝怪趣、款式奇特的零食。

第十二名天蠍座：

天蠍座一向不愛零食，至多只會在肚子餓了的時候找些餅乾之類的塞進嘴裡，他們也從來不吃那種要咀嚼很久的食物，只吃些容易下喉的食物。

丟東西看你是哪種人

下了計程車，當車剛剛開走，你忽然想到你似乎把一樣東西忘在車上了，這樣東西對你很重要，是不應該忘掉的，那麼你忘記的究竟是什麼呢？

A、重要文件。　B、MP3。　C、帶回家的點心。

D、夾有鈔票的書。E、雨傘。

【解答】

A、重要文件。

最近可能工作壓力太大，人際關係問題複雜，使你非常煩惱，但只要堅持自己的信念，勇往直前，就一定能獲得成績。

B、MP3。

你是個重視生活樂趣的人，為了自己的興趣不遺餘力，休閒旅遊是你生命中的頭等大事，但是要小心享樂太過，弄得入不敷出。

C、帶回家的點心。

你個性溫柔寬厚，重視家人和朋友，很適合在教育或慈善性質的工作。不過，忙於照顧他人的時候也別忘了自己喔！

D、夾有鈔票的書。

你對於金錢有天生的敏感度，如果能夠腳踏實地、勤奮工作的話，就能夠累積一筆財富，安享晚年。

E、雨傘。

你一向公私分明，而且非常清楚自己的優缺點，只要能夠安守本分，謹言慎行，那就會一切OK。

四季生肖性格大觀

人的屬相有十二種，每一種屬相都會使得每個人呈現出不同的個性，其實同樣屬相的人，性格也是千差萬別的，原因之一就是出生在不同的季節會對性格產生不同的影響，下面就讓我們看看每個季節的屬相會有什麼樣的性格吧！

【解答】

鼠

【春鼠】

你生性善良柔弱，謹慎小心，但缺少主見，也不願意與人競爭，但你天生的氣質和後天的學識會讓你很容易獲得他人的欣賞，但若想成功

則需要他人的幫助。一般適宜從事文書和文藝工作。

忠告：多到大自然中去陶冶身心。

【夏鼠】

你勤奮刻苦，但一生勞累。因為缺少有力的社會關係，又沒有兄弟姊妹之助，事業要想成功只能依靠自身的努力，成年後經濟條件頗佳，只是太過辛苦會導致身體欠佳，常有力不從心之感。

忠告：適當休息，積蓄力量。

【秋鼠】

你聰明機敏，善於察顏觀色，能迅速抓住時機，獲得成功，一生平順。與同事關係較好，因此往往能得到眾人的幫助。但心胸較窄，能力不強，缺乏個性和自信心。

忠告：大膽往前走，失敗也別害怕。

【冬鼠】

你心懷壯志，可惜往往懷才不遇，做事總是受到各式各樣的干擾而導致難以成功。而你不肯接受失敗，不斷努力，可惜不善於總結經驗，若經過努力能成一些小事，但成大事較困難。

忠告：繼續努力，希望總會實現。

牛

【春牛】

你是敢作敢當的人，認定的事就會堅持到底，是做事業的人才。年少時比較吃苦，但也因此獲得了發展。然而你缺乏把握成功的能力，因此適合分管部門而不是做最高負責人。

忠告：雖有牛勁，亦不要蠻幹。

【夏牛】

你一生或為事業，或為家庭勞累奔波，常有生不逢時之感。年輕時多時運不好。

忠告：雖肯苦幹，但能力不可少。

【秋牛】

你任勞任怨、自信踏實，雖然能力出眾，性格卻謙虛柔順，是眾人當中最受歡迎的那一個。不過你喜歡獨來獨往，不喜交友。

忠告：多交朋友。

【冬牛】

你是個忠厚可靠、辦事認真、值得信賴的人，但穩重有餘，機敏不足，因此通常不會有太大的成就，但也不會惹出什麼是非。

忠告：做自己就好。

虎

【春虎】

你做事果斷，具有出色的組織能力，但權力慾較高，喜歡表現自己，而且為了達到自己的目的會不惜犧牲他人的利益。生活簡單，不喜交際，對感情問題不敏感，我行我素，適合做領導者。

忠告：不要過分地表現自己。

【夏虎】

你性格剛強、才華出眾，而且極為自尊，不畏權勢，鋒芒畢露。你的性格一方面使你很容易吸引上級的注意，獲得升遷，另一方面又會讓你很容易招致禍端。若是自力更生，白手起家，多數人會在事業和家庭各方面取得不錯的成就。

忠告：千萬別仗勢欺人。

【秋虎】

你意志堅強，反應靈活、精力充沛，充滿理想和抱負，因此做事往往能很快就有成就。但太過固執，不喜聽從他人意見，又不願屈居人下，一旦失敗就容易灰心失望。適合做開拓性工作。

忠告：腳踏實地才是正途。

【冬虎】

你生性耿直、能力頗佳，但太過自負，不易聽取上級和同事的批評、勸告，往往很難獲得施展才華的機會。總是抱怨環境不好，頻繁調換工作，又喜獨來獨往，缺少知心朋友。

忠告：與屬羊和牛的人交朋友，對你的性格會有改善。

兔

【春兔】

只要依靠你的聰明才智和人緣，抓住時機，你的事業就能大有收穫。與他人競爭時，要審時度勢，揚長避短，利用自己的優勢取而勝之。

忠告：要加強身體鍛鍊，否則一事無成。

【夏兔】

你性格溫和謙遜，才華又佳，因此人緣極好，一生平順。除個別外，一般經濟條件都比較好，不乏有傑出者升任顯赫的職位。

忠告：在順境中不可得意忘形。

【秋兔】

你反應敏捷，手腳勤快，而且善於觀察時局，與他人都能友好相處，因此做事都非常順利。但你做事受天時與人和影響較大，熱情維持不了多久。

忠告：增強信心與體力，堅持不懈地做下去。

【冬兔】

你機智幽默，又無野心，因此討人喜歡。但你做事往往謹慎有餘，魄力不足，不善於處理問題，適合從事商業方面的工作，但當不了大老闆。

忠告：靠自己的努力，一生安逸平安。

龍

【春龍】

你人生的道路註定是從低谷走向巔峰。只有比別人多付出十倍的努力，才能到達事業的頂峰，做好承受磨難的準備，努力學習，累積經驗，就能等到機會的到來。若是男性最適宜從軍，可一展宏圖。

忠告：刻苦磨練身心，準備迎接挑戰。

【夏龍】

你有雄才遠志，永遠都期望自己做得最好，這讓你可能擁有最輝煌的事業，或者一敗塗地。你喜歡拋頭露面，別人不願做的事，你都願出面承擔。但其中一些人也性格暴躁，脾氣古怪。從事軍事化或準軍事化的工作比較適宜。

忠告：保持清醒頭腦，不可一意孤行。

【秋龍】

你性格溫和、做事踏實，總是能將事情做得很好，但穩重有餘而魄力不足，很難自己拿主意，不過生活都還順利。你很少生氣，一旦發火則一發不可收拾。

忠告：多喝些茶水，靜思自己應如何做。

【冬龍】

你知識豐富，是個理想主義者，總愛感嘆生不逢時，安於寂寞，喜歡獨自讀書或看電視，不喜歡熱鬧的聚會。多數人學歷較高，但學非所用。

忠告：要廣交朋友，多到有水的地方玩玩。

蛇

【春蛇】

你智商很高，但必須努力學習才能得到進一步的發展，你好奇的東西太多，遇事不太專心。只要懂得努力，從事任何職業都能獲得成功。

忠告：不斷給自己加油，付出總會得到回報。

【夏蛇】

你聰明機敏，才華過人，修養極佳。從學習到工作都非常順利。不少人因家庭的關係，事業會得到扶持。

忠告：廉潔自律，然後做好自己的事。

【秋蛇】

你進取心很強，對自己想要的東西就會努力去爭取。你善於體察別人的想法，待人友善，因此左右逢源，事業與生活都挺順利。但你較為顧家，事業與家庭發生矛盾時，你多顧及家庭。

忠告：做事要從長遠考慮。

【冬蛇】

你心地善良，樂觀開朗，對別人的要求有求必應，你看似沒有專長，但什麼事都知道一些，是個樂天知命的傢伙。不過要小心有些朋友是想利用你而接近你。

忠告：不要安於現狀，你還能做得更好。

馬

【春馬】

你心胸闊達，從不計較小事，在任何環境下都能隨遇而安，你對生活沒有太高的要求，只要能夠開心就好。家人和朋友都喜歡你。

忠告：自己感覺好就行。

【夏馬】

終生忙碌是夏天出生的屬馬者最顯著的特徵之一。你的生活一直很艱難，讓你無法安定，但要相信自己，只要你堅持不懈的努力，終究有轉運的一天。

忠告：莫灰心喪氣，生活的路就是這樣一步步走出來的。

【秋馬】

你為人耿直，重義輕利，多數文筆好。但你爭強好勝，又我行我素，因此很易與上司發生爭執。不過你並不計較，只要對方說句好話，你就會把這些不愉快忘得一乾二淨。

忠告：目前的工作較適合你，不要輕易調換。

【冬馬】

你一生忙碌奔波，為事業和生活所累。年輕時多磨難和坎坷，中年之後有朋友相助，事業出現轉機，生活亦有改善。要善於把握機會，否則一生將平庸度過。

忠告：困難像座山，翻過去就是一馬平川。

羊

【春羊】

你有小聰明，但無大本事，只要在適合你的環境中生活，就能一切順利，否則將會比較艱難。不要輕易調換工作，堅持下去就能得到發展，機遇來了也可能飛黃騰達，但這種機會極少。

忠告：在認定的職位上，盡情施展才華。

【夏羊】

生活中會有幾次大的挫折，但只要擁有堅強的意志，堅持下去就能轉敗為勝。要小心在順境時太過得意忘形，招致失敗。多數人膽子較大，勇於冒險，有領導他人的慾望。

忠告：謙虛謹慎，戒驕戒躁。

【秋羊】

你善良慷慨，一生多為他人考慮，但你做事太過謹慎，又不願得罪人，也沒有出人頭地的慾望，因此事業運平平。適合從事技術性工作。

忠告：一直往前走，不要往兩邊看。

【冬羊】

你性情溫和，與世無爭，覺得吃虧是福，從不與人交惡。你雖然聰明，但處理問題時往往優柔寡斷。一生多遭磨難，事業都是憑自己的努力得來。異性朋友很願意與你交往。

忠告：多吃些肉，使自己添些虎氣。

猴

【春猴】

你志向高遠，多會選擇大城市或國外發展。適應力強、處事圓滑、功利心強，但生性多疑，適合從事經濟活動，成功的可能性很大，但缺少知心朋友。

忠告：適可而止，任何事都不要做過頭。

【夏猴】

你精力充沛、活潑好動，很樂於做事，如果是自己喜歡的工作，便會努力將它做得盡善盡美。不過也像猴子一樣性子毛躁、坐不住，中年之後才會改變。

忠告：收斂點猴氣，多些穩重。

【秋猴】

你聰明過人、才思敏捷，善於借鏡別人的經驗和教訓指導自己的行為，進而取得成功。但你的膽略和魄力較小，目光短淺，只關心眼前利益。適合做部門負責人。

忠告：當有西瓜和芝麻時，你要毫不猶豫地撲向西瓜。

【冬猴】

一生較為順利，沒有太大的事業心，但追求生活享受，喜歡逛百貨公司，上飯館。朋友較多，但多是利益之交。適合從事技術性工作。

忠告：走出自我小天地，登上社會大舞臺。

雞

【春雞】

你多才多藝、聰明機敏、追求時尚，但太愛表現自己，有時又會仗著自己聰明貶低別人。對異性感興趣，有不少異性朋友，不少人家庭生活會有磨難，適合從事文藝工作。

忠告：不要太囂張，收斂一些較好。

【夏雞】

你胸懷大志，滿懷熱情，很有組織能力，因此多數能靠自己的努力成名。但事業起伏較大，成功和失敗都會突然到來。

忠告：做好應付變化的心理準備。

【秋雞】

你性格活潑討喜、做事認真，事業心很強，從不食言，因此很惹人喜歡。但你思想保守，沒有太大的追求，只期望精神滿足。適合從事技術性工作。

忠告：要繼續努力，爭取變成鳳凰。

【冬雞】

你志向很高，總期望改變自己的命運，為了達到自己的目的會不擇手段。有時往往經不起挫折與打擊，可能一蹶不振。有的人喜歡拈花惹草，小心影響前程。

忠告：不要強出頭，見好就收。

狗

【春狗】

你性格忠厚，待人誠懇，但生性好動，喜好與朋友玩樂，尤其對賭博有興趣。喜歡體育活動和欣賞藝術，卻無專長。與同性朋友相處愉快，對異性朋友通常不感興趣。

忠告：不要滿足現狀，要不斷學習。

【夏狗】

你正直忠厚，一生也很順利，能夠靠自己的努力達到目標。但金錢運不高，生活比較清貧，而不義之財即使唾手可得，也不願意獲得。有時容易感情用事，好發無名之火。

忠告：不要和別人攀比，走自己的路。

【秋狗】

你聰明能幹，很受上級和家人的喜愛，工作與生活都能得到貴人和朋友的幫助與支持，因此在較短的時間裡就能取得成績。但在相當長的一段時間裡，你會止步不前。

忠告：發揮你的優勢競爭。

【冬狗】

你為人俠義重感情，為朋友可以兩肋插刀，不求物質豐厚，只要心情愉快便可。男性適合當兵。

忠告：見義勇為是好事，但還要智勇雙全。

豬

【春豬】

你心腸慈悲，樂於助人，一生較為順利，無論事業、家庭諸事都令人滿意。若是能加以努力，定能成就一番事業。

忠告：試著改變目前的生活可能更好。

【夏豬】

屬豬的人一貫福氣很好，有貴人相助，但也因此使你養成了天生懶惰且軟弱的性格，動手能力差，一旦遇到自己解決不了的問題便不再努力，只聽任事情發展。

忠告：不要指望別人，事情還得靠自己。

【秋豬】

你做事認真負責，又樂於助人，因此朋友極多，在社交場合上也很受歡迎。適合做服務性工作。

忠告：心情愉快足矣。

【冬豬】

你為人耿直、天生吃苦耐勞，但若不加學習則無法進步，太直則容易得罪人。貪戀家庭生活，對金錢看得比較重。別人的好處會記一輩子，而壞處也會記一輩子。

忠告：多出去走走看看，要學會生活。

戴戒指的習慣

你喜歡戴戒指嗎？你喜歡把戒指戴在哪根手指上呢？其實，戴戒指的習慣也可以看出你的性格呢！如果你不只戴一只戒指，只要將你最喜歡戴戒指的手指依次排列，便可看出你的種種個性。

【解答】

A、右手大拇指。

你是個驕傲而自信的人，一向不願居於人下，就算自己做錯也不會後悔。

B、右手中指。

你是個理想主義者，對任何事都有著自己的看法，有強烈的使命感，一定會完成自己的工作，而不太在乎享受。

C、右手食指。

你很擅長於與人競爭，這種特質讓你非常適合從事商業等需要競爭力的工作，在事業上表現優秀。你從不在乎別人的感受，只為了滿足自己的需要而生活。

D、右手無名指。

你永遠停不下來，總是有做不完的事，說不完的話，並且永遠樂在其中。但因為生活忙亂，有時會讓你覺得毫無頭緒，不知道未來該往哪裡走。

E、右手小指。

你充滿了友情和博愛，喜歡帶有神祕色彩的東西，舉凡看相、星座、命理等等都喜歡。你生性隨和，一向不違拗別人，適合簡單的家庭生活，但太過複雜的人家關係不適合你。

F、左手大拇指。

你是個能夠為別人解決困難的領袖型人物。你不會把感情付出給別人，但會與人分享你的光榮成就。

G、左手中指。

你重視外貌，自尊心強烈，而且對人謙和友善，很重友情，就算付出多少也不在乎，是受人愛慕與尊敬的人。

H、左手食指。

只要有興趣的工作，你就會很投入，無論要花費多少心血。但在生活上你容易喜新厭舊，只要是過時、沒用的東西，你會毫不猶豫地丟棄。你青睞於品味獨特、耐用的打扮，最好是在含蓄中略帶一些設計的高雅品味。

I、左手無名指。

你是家居型的人，希望擁有一個安穩的家庭，大家為了一個共同的目標而努力。你個性安定踏實，懂得照顧弱小，友愛他人，與他人相處融洽。

J、左手小指。

你是個驕傲的人，但因為見識廣博，往往還能吸引眾人的眼光。你渴望與眾不同，為了贏得別人喝采，你會不斷地努力奮鬥。

K、不戴戒指。

完全不喜歡戴戒指說明你不喜歡受拘束，你熱愛自由的生活，喜歡輕鬆的生活方式，不會為了追求太高的目標而勉強自己。

另類生肖占卜

有人認為中國現今使用的十二生肖是從印度傳過來的，雖然來源無法可考，但可以肯定的是印度也有同樣的生肖計算方法，而印度的生肖演算法是按照三十六生肖計算的，從某種程度上來說，比十二生肖的演算法更為精確。

方法：按照你的生肖和出生時間對照下表，就可以知道你是三十六生肖中的哪一個了。

鼠：0至8時——燕子、8至16時——老鼠、16至0時——蝙蝠。

牛：0至8時——牛、8至16時——螃蟹、16至0時——鱉。

虎：0至8時——狸貓、8至16時——豹、16至0時——老虎。

兔：0至8時——刺蝟、8至16時——兔、16至0時——貉。

龍：0至8時——龍、8至16時——蛟、16至0時——魚。

蛇：0至8時——鱔魚、8至16時——蚯蚓、16至0時——蛇。

馬：0至8時——鹿、8至16時——馬、16至0時——驢騾。

羊：0至8時——羊、8至16時——鷹、16至0時——雁。

猴：0至8時——猩猩、8至16時——猿、16至0時——猴。

雞：0至8時——雉雞、8至16時——雞、16至0時——鳶。

狗：0至8時——狗、8至16時——狼、16至0時——豺。

豬：0至8時——豕、8至16時——貛、16至0時——野豬。

【解答】

屬鼠者

燕子：燕子是候鳥，對氣息敏感，為引導潮流之人。屬燕的人能力很強，反應迅捷，如果能努力學習，將能成為成功的創造者、發明家。過於理想主義，性格又善變，因此往往想法很多卻不能實現。

鼠　：鼠具神祕感，善於觀察形勢，行動敏捷，謀略出色，善於團隊合作。但缺乏分析力，遇事常推脫責任，但感情上易用情不專。

蝙蝠：屬蝙蝠的人第六感很強，與人為善，有人緣，具有一種與世無爭的氣質，一生運程很好，是富貴中人，且有長壽之命。但容易憤世嫉俗，對社會缺乏正義感。

屬牛者

牛　：屬牛者性格，任勞任怨，處事努力，能夠勇敢面對挑戰，克服困難，是成大事者。但有時性格太過固執，不知變通。

螃蟹：此屬相的人能力很強，不畏艱難，愈挫愈勇，而且有很強的自我保護意識，一旦受到傷害會拼命反擊。但性格比較霸道，個人主義太強，缺乏群體觀念，不願相信他人。

鱉：屬鱉的人有強烈的攻擊力，也因此具有不屈不撓的性格。能伸能屈，善於偽裝，具有特殊的靈性。但此屬相的人太過固執己見，攻擊力太強會讓人覺得咄咄逼人。

屬虎者

狸貓：外表清秀，性格熱情，處事果斷，精力充沛，智慧極高，勤奮肯學習，充滿理想。但比較愛管閒事，個性刁蠻、神經質。

豹：屬豹的人精力充沛，思維敏捷，凡事不服輸，有強烈的改革精神。但個性急躁，虛榮心太強，與人爭鬥時毫不留情。

虎：屬虎的人好英雄主義，行動敏捷，求生能力強。性格沉穩，重禮儀，講義氣，自制力強。但又強烈的佔有慾，一旦發怒則難以控制情緒。

屬兔者

刺蝟：屬刺蝟的人性格踏實，有骨氣，不喜歡受約束，喜獨來獨往。但個性保守、壓抑，容易變得消極、頑固。

兔：屬兔的人溫和、聰敏，警覺性好，欣賞力佳，溫柔體貼，善於團體合作。但性格溫和到有些柔弱，容易逃避現實，又不會保護自己，爛桃花頗多。

貉：屬貉的人和善忍耐，直覺敏銳，誠信有禮，年紀越大思慮越周詳，能成大事。但處事不夠爽利，容易逃避退縮，缺乏恆心。

屬龍者

龍　：自尊心強，自信爆棚，做事大方磊落，目標明確，善於交際，人緣頗佳，具有卓越的領導才能。但性格太過霸道，以自我為中心，太愛面子。

蛟　：蛟是水龍，屬蛟者機智勇敢，勇於冒險，責任感強，重視家庭，敢愛敢恨，防禦性好。但易怒暴躁，對外人太過冷酷。

魚　：魚是未化之龍，屬魚的人個性積極、自信果斷，精力充沛，企圖心強烈，喜歡熱鬧繁華的生活。但情緒起伏太大，記仇好鬥。

屬蛇者

鱔魚：屬鱔魚的人天性樂觀，個性沉穩，通情達理，善於照顧別人。但太過圓滑，有時不能被人接受，性格消極被動，容易犯小人。

蚯蚓：屬蚯蚓者熱情慷慨、體貼友善，處事沉著穩定，具有奉獻精神。但性格溫吞沒有主見，行事慢吞吞，不能保護自己。

蛇　：屬蛇的人靈敏迅速，才智過人，行事乾淨俐落，非常有主見，能屈能伸。但太過自負，自以為是，被逼時會不顧一切的反擊，手段陰狠。

屬馬者

鹿　：屬鹿的人溫和沉靜，具有良好的洞察力和藝術鑑賞力，即使與人競爭，也會保持君子風度。但也非常愛面子的，對事太過苛求，協調性較差。

馬　：屬馬的人精明敏捷，樂觀開朗，學習能力強、通達人情，富有正義感，是俠客型的人。不過太講究原則，有時過於嚴苛，不肯妥協，容易得罪人。

驢騾：驢騾吃苦耐勞，勤儉持家、自信沉穩，勇於面對挑戰，適應力強，是知足常樂的人物。但個性固執，比較功利。

屬羊者

羊　：屬羊的人善良溫和平靜、和藹有禮，耐力佳，喜歡浪漫的情調，總是為他人著想。但心腸太軟容易被人利用，自信不足，無法保護自己，只求得過且過。

鷳　：屬鷳的人氣勢十足，沉著冷靜，有遠見，判斷力佳，執行力好，善於適應環境，屬於大器晚成型的人。但性格孤僻不合群，甚至有點霸道，尤其在感情上佔有慾強。

雁　：屬雁的人聰慧、有靈性，精力充沛，風趣幽默，愛玩樂，好勝心強，重視外表。但嫉妒心重、佔有慾強，缺乏安全感，容易患得患失。

屬猴者

猩猩：屬猩猩的人個性平和厚道，重信用講仁義，善解人意，有出色的靈感和智慧，善於企劃、設計，有美術、音樂天賦。但個性害羞易受傷害，缺乏毅力。

猿　：屬猿的人智慧高，做事乾脆，學習性強，尤其在發明、創造、改革等抽象思維方面有無限的潛能。但也具有較強的反叛性和佔有慾，野心勃勃，有時會翻臉不認人。

猴　：屬猴的人靈感很強，很有自己的見解，有強烈的社會性，重視集體，熱愛文化，善於音樂、美學、表演。但性急、易怒，愛猜忌。

屬雞者

雉　：雉是鳥類中羽毛華麗的那種，屬雉的人多才多藝，能言善道、自信心強，浪漫多情。但重視外表，愛炫耀，重享受，愛慕虛榮，容易犯小人，太多情容易為情所困。

雞　：屬雞的人聰明好勝，善於學習，富有正義感，樂於犧牲，好打抱不平。但太過任性，愛管閒事，缺乏恆心。

鳶　：屬鳶的人氣質高貴，自尊心強，為人乾脆慷慨，有領導能力，只要有貴人幫助，是將相之才。但太過自我中心，愛出風頭，容易樹敵。

屬狗者

狗　：屬狗的人忠厚老實，心地善良，極具親和力，領悟力、學習力、協調性強，有敏銳的第六感。但耳根軟，依賴性強。

狼：屬狼的人勤奮努力，重視友情，對客觀環境、時勢趨向嗅覺敏銳。但脾氣暴躁冷酷，愛記仇，報復心重。

豺　：屬豺的人遵守原則，學習力強，奮發向上，喜歡群體生活，凡事都靠自己的努力達成。但缺乏主見，沒有創造力，並且喜歡爭權奪利。

屬豬者

豕　：屬豕的人心寬福厚，謙讓平和，品味好、浪漫、重情調，常有一針見血的精準眼光。但性格被動無主見，耳根太軟，安逸消極。

貛　：屬貛的人外表陰柔體貼，其實頭腦冷靜，目標遠大，有膽識，分析能力強。但脾氣不佳，自我保護意識強烈，缺乏安全感，易憂鬱。

野豬：屬野豬的人性格溫婉，分析能力強，想像力豐富，韌性十足，言出必行。但脾氣固執，易記仇，凡事沒有計畫，容易失去良機。

生肖瘦身法

瘦身是女人終生的事業，不知妳是不是覺得自己的瘦身計畫始終收效不大？其實，不同生肖的人會有不同的瘦身重點，不妨看看妳所屬的生肖今年最適合的減肥方法是什麼，讓妳輕鬆瘦身成功！

【解答】

鼠

今年妳的整體運勢不錯，所以也會因為心情愉悅而對自己鬆口，放鬆了保持身材的決心，一旦管不住自己的嘴，身材可是會決堤的喔！所以，給妳的嘴上把鎖吧！好好克制貪吃的嘴才能讓妳健康又苗條。

牛

今年的運勢不太順利，會出現一些讓妳頭大的麻煩，可能因為壓力過大導致暴瘦或暴肥，這樣都不夠健康喔！不如暫時忘掉手頭的事，嘗試放下自己的煩惱，多到戶外去走走，對身材可是大有好處呢！

虎

今年的妳活力十足，精力充沛，還有機會到處跑，也讓妳少了許多變胖的機會，所以妳今年的瘦身運最高喔！不過要小心別被瘦身廣告騙了，在選擇瘦身產品的時候不妨多收集點資料，多聽聽朋友和家人的建議。

兔

最近妳的心情容易起伏喔！開心的時候會拼命吃，不開心的時候又什麼都吃不下，飲食失調弄得體重也跟著上上下下，幸好健康沒問題。所以，想要大吃的時候，還是挑選些健康的低熱量食物吧！向營養專家諮詢也是不錯的選擇。

龍

今年在各方面都需要他人幫助，人情債要還，所以免不了要經常請人吃飯，胖也就是難免的了。要保持身材，那吃飯的時候就盡量選擇養生料理吧！再加上健康正常的生活作息，就能維持好身段了。

蛇

工作不夠順利，人際關係又讓妳頭大，所以忙著找好友聚餐解悶，結果不知不覺之中體重就增加了喔！記得下次聚會別再不停地吃那些高熱量的油炸食物了，喝喝茶什麼的可以讓妳不用擔心發胖。

馬

今年的人際關係不錯，不論是工作還是生活上都有不少的交際，結果會完全打亂妳的作息，往日的飲食習慣也完全亂了，所以一定要小心突然暴肥。能夠推掉的邀約就放棄吧！如果確實無法拒絕，那就試著在不吃大餐的時候多攝取一些健康營養的食物，並養成定時排便的習慣才行。

羊

生活中偶爾會出現些完全不在預計中的突發情況，打亂妳的日常規劃，也讓妳的瘦身計畫難以堅持下去，身材也就會偷偷走樣喔！嘗試每個星期至少留出一天的時間來調養自己吧！堅持下去身材很快就能恢復。

猴

一掃去年肥胖指數極高的狀況，今年可是瘦身的好時候，好好把握機會吧！記得多注意自己的身體情況，生病可不是瘦身的好辦法，別給自己太大壓力，有時不妨讓身邊的人多給妳鼓勵。

雞

最近工作太努力，結果忽略了自己的健康，瘦身計畫更是中斷了，這樣可不是聰明人的做法，健康才是一切的根本，還是先把身體照顧好吧！注意營養均衡，是擁有好身材的根本條件。

狗

需要到處奔波的繁忙會影響妳的心情，也使得健康方面並不是太理想，試著調適自己的心情，給自己一個開朗愉快的心情，就能讓身材也變得更好喔！

豬

碰上煩心的事就乾脆窩在家中不出門了，太多的零食和懶覺會讓妳的身材在不知不覺中變樣，要小心了。添置一些居家健身器材，多花點時間運動吧！適當的運動可以調節情緒，還能讓妳保持好身材。

你容易被帶壞嗎？

朋友當然是多多益善，但有時候朋友良莠不齊，卻會將你帶壞，你也許能夠分辨是非，但你是不是很容易被朋友影響呢？下面就測測看，你是不是一個會被朋友牽著鼻子走、被帶壞的人？

占卜方法：

憑直覺在下面六張塔羅牌的圖案中選擇一張。

【解答】

A、寶劍七——被帶壞指數50%。

最近要小心，別被一些眼前的小利益給誘惑了，結果跟著壞朋友做了一些不應該做的事，而且還一犯再犯，要知道第一次雖然逃過去了，但不是每次都這麼幸運的，如果東窗事發，那後悔也沒用了。

B、聖杯三——被帶壞指數35%。

最近你的交際運非常旺盛，常常要和朋友們聚會，雖然適度狂歡是讓自己放鬆和快樂的好方法，但千萬不能沉溺喔！另外，暴飲暴食或成為愛買一族都不是什麼好選擇。所以，睜大眼睛看看身邊的朋友們吧！盡快把酒肉朋友踢走才是。

C、惡魔——被帶壞指數90%。

最近你心裡不時會冒出一些負面的貪心念頭，再加上有朋友一招呼，你就立刻奔出去玩樂，生活日漸墮落，也越來越習慣於和那些損友們相處，被帶壞的機率相當高，請一定要三思呦！

D、錢幣六——被帶壞指數10%。

最近的人際關係很不錯，但因為你自己站得正，所以不會發生什麼朋友拉你做壞事的情況，那些壞朋友還會自動遠離呢！吃、喝、玩、樂的機會減少了，身邊又都是正直善良的好朋友，很有機會遇到命中的貴人，讓你事業、學業、生活都很順呢！

E、權杖五——被帶壞指數70%。

最近的生活似乎不太順利，處處碰壁，讓你感到煩悶，此時若是有心人趁虛而入，在你身邊搬弄是非，鼓弄唇舌，你就很有可能被說動，結果捲入權力鬥爭，成為職場中的麻煩人物。所以，警覺一下身邊喜歡爭權奪利的人吧！

F、女皇——被帶壞指數5%。

你一向很清楚自己要些什麼，不會迷茫，也不會被他人左右，在人際關係上處於主導地位，所以，要交些什麼朋友、怎麼和朋友交往，你都有著清晰的想法，也能夠處理得非常恰當，完全不用擔心會有被帶壞的情況。而且你的人脈資源非常豐富，對你都有正面的幫助！

寶石顏色看妳的潛在才華

假如妳在深海之中發現了一顆散發出璀璨光芒的石頭，妳覺得它的光芒會是什麼顏色呢？

A、如紅寶石一樣的鮮紅。　B、如黃水晶一樣的橘黃。

C、如綠寶石一樣的翠綠。　D、如紫水晶一樣的嬌紫。

E、如鑽石一樣的透明。　　F、如珍珠一樣的雪白。

【解答】

深海中神祕石頭的光芒，預示的是女孩子潛在的才華喔！

A型：超級想法王。

鮮豔的紅寶石色象徵著開拓的精神。選擇此顏色的妳，是一個永遠充滿著千奇百怪想法的人，妳腦海裡充滿了新奇的東西，但妳並不只是想想而已喔！妳是具有能夠創造新東西能力的人，將妳的想法都轉化為實際行動吧！

B型：高智商少女。

黃色的水晶象徵著知識和才智。選擇此顏色的妳，是個頭腦聰明、反應迅速的聰明人，不過要當心聰明反被聰明誤，太聰明的頭腦會讓妳對特殊領域好奇心太強，如果沒能將聰明用在正途的話，搞不好會變成高智商犯罪者。

C型：活力美少女。

翠綠的綠寶石象徵著健康。選擇此顏色的妳，是個充滿健康活力的人，並且擁有讓身體變健康的能量喔！妳懂得許多對身體有益的小方法，年紀越大越有活力，這讓妳能夠健康快樂地享受人生。

D型：神祕小女巫。

紫色的水晶象徵著神祕與未知。選擇此顏色的妳，擁有比一般人更為敏銳的第六感，甚至具備占卜的才能。不過別覺得一切都是天生的，有些才能是需要不斷學習才能展現出來的噢！

E型：典型拜金女。

鑽石的透明光芒象徵著財富。選擇此顏色的妳，對於金錢有著很強的慾望，同樣的，妳也擁有獲得財富的才能，或許能夠擁有巨大的寶藏呢！

F型：人氣小天后。

雪白的珍珠象徵著女性本身的溫柔氣質。選擇此顏色的妳，擁有天生的女性魅力，讓人忍不住親近和喜愛，或許妳自己還沒有意識到，但此種魅力讓妳很適合成為藝人喔！因為妳必然會獲得眾人的喜歡。

怎樣教育生肖寶寶

教育小孩子不是件容易事，孔子說「有教無類」，也就是說要根據不同的性格制訂不同的教育方式，所以，瞭解小孩子們是哪個星座，就可以因材施教，針對其特性進行引導，那就來看看十二生肖小孩的性格分析吧！

【解答】

鼠

肖鼠的小孩雖然平時非常聽話，其實他有敏銳的觀察力，很有自己的想法，如果你能夠以平等的姿態對待他，認真聆聽他的想法，而不是一味要求他按照你的想法行事，相信他會讓你見識到自信與成熟的一

面，成為你的好幫手。

牛

肖牛的小孩性格沉穩，敏於行而拙於言，雖然看起來不太活潑，但實際上是個令人信任的好孩子。重要的是一定要信任他，如果因為什麼事而錯怪了他的話，他可是會記一輩子的喔！

虎

肖虎的小孩反應很快，好奇心又足，對什麼事都有興趣，樂於多方發展。不過他脾氣急躁，所以一定要順著他的心意，記得言傳身教是對他最好的教育方式。

兔

肖兔的小孩個性小心，心中想法多變，但卻很少會講給別人聽。既然他不願意對人傾訴，那就順其自然，別強行改變他，而去認同他的做法，以同伴的方式對待他，或許他會帶給你許多意想不到的驚喜。

龍

肖龍的小孩非常講究公正，是標準的領袖與佼佼者，也樂於成為眾人的焦點，愛好面子。如果你能為他在學習和工作中的發展牽線搭橋，介紹大人物，他會相當樂意接受。

蛇

肖蛇的小孩心思細密敏感又多疑，因此很在意別人是否真的關心愛護他。所以只要耐心與他相處，真心且持久地去關心、照顧他，就能和他產生良好的互動。

馬

肖馬的小孩個性熱情奔放，內心想法多變，興趣又廣，有時候感覺浮躁，有時卻一絲不苟，不過他十分重視榮譽，對自我的要求很高，因此不妨讓他自由發展，不要給予太多的限制，他會是一個懂分寸、守禮節的小孩。

羊

肖羊的小孩個性保守謹慎，內心深處有很強的不安定感，胸懷大志且自視甚高，善於模仿卻又能超越原創，所以對他要多給予正面的鼓勵，就能與他相處融洽。

猴

肖猴的小孩是語言天才，擁有隨機應變的頭腦和用不完的精力，性情又不安定，是個標準小霸王，但只要仔細觀察他的需要，適當給予意見，就能幫助他擺脫定性不夠的毛病。

雞

肖雞的小孩個性天真，對於大部分事情都抱持著正面的看法，但個性倔強，你越壓抑他，他越叛逆，會故意唱反調，建議平時多開導他，傾聽他內心的想法，只有這樣，他遇到問題時，才願意告訴你。

狗

肖狗的小孩很能吃苦，做事喜歡按照計畫一步步來，很看重「信任」二字。一旦他覺得你不能信任，或他發現你在欺騙他，那他就會和你起爭執。

豬

肖豬的小孩個性保守，一般情況下都是循規蹈矩的，可是一旦遇到新鮮事或生平第一次的考驗時，就會膽大妄為，只要多注意這些行為，他一般情況下都是規矩的。

變美麗的魔法

化妝品、面膜、假髮乃至整容，只要能讓自己變美麗，女孩子可以無所不用其極，那麼，就讓魔法來幫幫妳，讓妳輕鬆變美麗！

【解答】

施咒方法：想好妳最喜歡哪位明星的五官，準備好她們的照片。等到月圓的晚上，準備一面鏡子，將鏡子放到能夠折射出月亮的地方，將明星的照片放在鏡子上，集中精力看著妳希望能夠像她的地方，然後將下面的咒語重複三遍：

Moonshine，Starlight，

let the wind carry your light，

let your glow cover my body，

and let your shine cover every eye。

Moonshine，Starlight，

shape and mold my body，

as a rose is granted beauty，

let me blossom in your light，

the light that brings me beauty，

and grant me beauty three times three。

記得當咒法完成時要點燃粉紅蠟燭或薰香，以答謝月光及星光。

字母靈數的祕密

其實，每個人的名字中都藏著只屬於自己的祕密，可以透露出你的性格和未來，找出你的字母靈數，就能知道你自己的祕密。

占卜方法：

（1）將你名字所對應的英文字母寫下來，對照下表，將對應的數字寫下來。

1	2	3	4	5	6	7	8	9
A	B	C	D	E	F	G	H	I
J	K	L	M	N	O	P	Q	R
S	T	U	V	W	X	Y	Z	

（2）將得到的數字相加，一直加成個位數，這個數字就是你的字母靈數。比如張三的名字zhang san，zhang＋san＝8＋8＋1＋5＋7＋1＋1＋5＝36，然後3＋6＝9，那字母靈數就是9。

【解答】

（1）字母靈數1。

你聰明靈巧，多才多藝，說話風趣，待人慷慨大方，能夠輕鬆吸引別人的注意，贏得他人的喜愛。但是你性格固執，有時還有點自大，若是能適當壓抑自己的驕傲，不要只顧自己發表意見，給別人更多的機會說話，會讓你更受歡迎。

最佳配對：字母靈數3。

（2）字母靈數2。

你隨和謙遜，大方得體，待人友善，絕不自私，因此很受歡迎。但你性格猶豫，優柔寡斷，使你失去了很多好機會。如果能勇敢的面對問題，大膽表達你自己的想法，會讓你獲得更多的成功。

最佳配對：字母靈數8。

（3）字母靈數3。

你樂觀開朗，有你出現的地方彷彿充滿陽光，你喜歡新奇、刺激的事情，在生活和戀愛方面都很幸運。但你為人處世不夠成熟，總是希望自己成為眾人的焦點，而且有時說話不經大腦。學著穩重一點，管住自己的嘴，說話時想一想再開口，對你有益無害。

最佳配對：字母靈數1。

（4）字母靈數4。

你忠厚老實，是個很有責任感，很值得信任的人。但是你不善於變通，對有些事太過堅持，結果反而導致爭議。學著看開一點，放寬一點，不是原則問題不妨閉上一隻眼睛，這也許才是聰明的選擇。

最佳配對：字母靈數4。

（5）字母靈數5。

你聰明機智，才華橫溢，但性格狂放不羈，因為大部分事情對你而言都很簡單，所以你對任何事或人的專注程度都不超過三分鐘，毫無耐心。嘗試持續去做一件事，也不要輕易把別人告訴你的祕密說出去，你會更受歡迎。

最佳配對：字母靈數6。

（6）字母靈數6。

你樂天知命，很懂得為他人著想，充滿愛心。但你的性格太過閒散，情願坐在電視機前發呆也不願意出外聚會。嘗試活躍一點、主動一點，改變一下你的懶惰吧！

最佳配對：字母靈數5。

（7）字母靈數7。

你是個很聰慧、很有靈性的人，同時十分感性，但有時候你那帶有諷刺意味的幽默卻讓人難以接受。就算是性格喜好不同，也應該試著欣賞別人的長處。

最佳配對：字母靈數9。

（8）字母靈數8。

你很實際、很理智，是個腳踏實地的實幹家，不論想法還是做事都不會出格。但你性格比較保守，而且總覺得自己可以獨立應付任何事情，不願意接受親人和朋友的關懷與幫助。要知道團體的力量會比一個人大得多，懂得從他人那裡獲取幫助，會讓你更容易成功。

最佳配對：字母靈數2。

（9）字母靈數9。

你待人真誠，對朋友全心全意，是所有人都渴望得到的最好的朋友。但你生性畏難，面對困難容易退縮，試著勇敢一點，腳踏實地，會讓你生活得更好。

最佳配對：字母靈數7。

你是什麼樣的貓咪

還記得生命靈數的演算法嗎？將出生年月日逐次相加，再將所得數字的個位字與十位相字加就是你的生命靈數。將生命靈數對照下面的解答，就知道你是哪種小貓咪了。

【解答】

生命靈數1——紅貓。

獨行俠：你性格火辣、精力旺盛，就好像是一隻有著鮮紅色毛髮的貓咪，引人注目，讓人一見難忘，絕對沒辜負「1」這個數字。

生命靈數2——橙貓。

依賴者：橙色給人溫暖和藹、容易親近的感覺，沒有紅貓那種咄咄逼人的火氣。而且二元性格也正好切合了「2」字的法則。

生命靈數3——綠貓。

藝術家：綠色給人輕鬆舒服的感覺，你總是有著無限的創意和想法，且在人際關係上可是八面玲瓏呢！

生命靈數4——藍貓。

驚青鬼：藍色代表成熟和穩重，所以藍貓很重視安全感。不過亦容易有自己嚇自己的傾向。

生命靈數5——白貓。

冒險家：白色總是讓人想起夢想與自由，你總是追求自由自在，永遠都在為著夢想奔忙。

生命靈數6——黃貓。

治療家：黃色是能夠緩解壓力的顏色，而你也同樣樂於與人分享煩惱，幫人解決問題，是治癒系的代表人物喔！

生命靈數7——青貓。

分析師：天賦極具智慧，喜愛尋根到底。而最愛的，就是在不斷尋找答案時那種刺激興奮的感覺。

生命靈數8——黑貓。

開拓者：黑色是既莊重又威嚴的顏色，而黑貓天生精明，很瞭解自己的特點，並能善用自身優勢，因此經常可以在一個小點子上面站穩陣腳，成功在望。

生命靈數9——紫貓。

夢想家：美麗的紫色毛髮總是讓人覺得夢幻神祕，所以你最愛做夢，想像豐富。但你同時卻也樂於助人，這可是無人能及的好處。

你的觸靈能力有多強

靈能力是一種對超現實事物感知的能力，有些人靈能力很強，可是有些人卻從來都沒能接觸過靈異的世界。你曾經感覺到什麼異樣的存在嗎？想知道你對異世界的感知能力有多強嗎？不妨來試試這個由美國靈魂學者所設計的測試，看看你的觸靈能力有多強。

占卜方法：

將你的答案後的分數加起來，然後再加50就代表你的靈能力。分數越高，對靈界的感知力越強。

（1）你的性別是：

A、男——2分

B、女——5分

（2）你的年齡是：

A、0～30歲——10分

B、31～60歲——4分

C、60歲以上——2分

（3）你的出生時間在：

A、03：01～09：00——4分

B、09：01～15：00——0分

C、15：01～21：00——2分

D、21：01～03：00——8分

（4）你有遭遇到靈界物體的經歷嗎？

A、有——4分

B、沒有——2分

（5）有時你有沒有覺得現在發生在你身上的事有一種似曾相識的感覺？

A、有——6分

B、沒有——0分

（6）你是不是幾乎每次從夢中醒來之後都清楚的記得你的夢？

A、是——4分

B、否——0分

（7）你是否和別人發生過性行為？

A、是——0分

B、否——3分

（8）你曾和他人發生過多少次性行為？

A、0次——9分

B、1～3次——5分

C、4～9次——3分

D、10次及以上——1分

（9）你有宗教信仰嗎？

A、有——4分

B、沒有——0分

（10）你在夜間比白天精神更好？

A、是——4分

B、否——0分

（11）你經常能聽到別人聽不到的聲音？

A、是——2分

B、否——0分

（12）你經常能夠親眼目睹罕有的大災難或罪案？

A、是——8分

B、否——2分

（13）抽獎活動中，你經常能夠中獎？

A、是——6分

B、否——2分

（14）你比較喜歡晴天還是雨天？

A、晴天——2分

B、雨天——4分

（15）以下的數字中哪些讓你注意？

7 1 8 4

1 2 7 4

5 3 5 5

A、1或4——2分

B、5或7——4分

C、2、3或8——0分

（16）你經常夢遊嗎？

A、有——2分

B、無——0分

（17）閉著眼睛，你能否用右手食指指尖一下子碰到左手的食指指尖？

A、能——6分

B、不能——2分

（18）你是否經常能夠猜到別人心中在想什麼？

A、是——6分

B、否——2分

（19）在下面的英文字母中藏著一些單字，你首先找到的是下面的哪一個呢？

R Z A I C R O

A C A A O R B

A A A F A O A

G R A K M P E

P H A B E E R

E A M T C X A

W B A N S J H

A、STAR——8

B、BOMB——4

C、ROPE——0

D、CAKE——2

（20）有沒有你心中所想的事突然發生了？

A、有——4分

B、沒有——0分

（21）在大街上，沒有使用任何輔助物品幫助的情況下，你能不能閉著眼準確指出正北方的位置？

A、能——9分

B、不能——2分

（22）你能夠在沒有任何幫助下講出現在的時間而誤差少於十五分鐘嗎？

A、能——20

B、不能——0

【解答】

51～70：靈感能力小。

一般都不會有太強的感應的，就算有鬼的話，你也不會感覺到。

71～100：靈感能力一般。

此類人能夠見到鬼的機率是40%，也就是說如果想見鬼的話就有可能見到。如果到鬼屋、墳場等地方可能慢慢會有感覺。

101～130：靈感能力強。

你們比較容易能感覺到鬼的存在，甚至每一個月都可能會見到鬼。其中的某些人還會有一些特異能力。

131～149：靈感能力最強。

你非常容易感覺到異類的存在，只要想見的話就能見到鬼（但是不想見，就會見不到），此類人多數會有一定的特異能力，或者有一些特別的遇鬼經驗。

150及以上：靈感能力無限。

達到這個分數的人多半已經不是一般人，而是一些預言家或者通靈者之類，此類人有著異於常人的能力，比如預知過去未來、通靈等等。

生日密碼看個性

出生日期決定了人的某些性格，這是眾所周知的，而除了生命靈數的演算法之外，還有其他的一些演算法，能夠窺探到你性格中的祕密，下面這種方法就是其中之一。

占卜方法：

找出你出生日期中每個數字的個數，比如1993年6月18日出生的，就有兩個1、一個3、一個6、一個8和兩個9，對照下面的解釋，就能知道你在感情表達能力、思維能力等各方面的特點了。

【解答】

1——感情表達能力。

一個1：你性格固執，而且不善於表達感情，所以多半都是在暗戀，不過你還算理智，少有為情所傷的情況。

兩個1：你善於表達感情，毫不掩飾自己的情緒，遇到心動的對象能夠大膽表白，戀愛通常都很順利。

三個1：你不易透露心底祕密，除非是經過深思熟慮才會將事情告知他人，所以做你的情人要有十足耐性。

四個1：你十分敏感，情緒起伏不定，毫不掩飾自己的喜、怒、哀、樂，容易意志消沉，需要情人不時地鼓勵。

五個1：你太過情緒化，不加克制的話很容易傷害別人，因此你的戀人一定要細心體貼，才能保證你們彼此的溝通。

2——直覺。

一個2：你懂得顧及別人的感受，能夠瞭解別人的想法，是一個可靠的朋友和情人。

兩個2：你善解人意，又樂於助人。對其他人來說，你的細心體貼頗具吸引力。

三個2及以上：你的直覺一般，但反應能力很強。

3——思維能力和想像力。

一個3：你有著超強的想像力，這令你散發出獨特的魅力。

兩個3：你喜歡胡思亂想，言行常常出人意料。不過太過幻想可能會讓別人覺得無聊喔！

三個3及以上：你智商很高，思維清晰，無法忍受單調的生活，若沒機會發揮才能，會變得精神緊張。

4——行動力。

一個4：你熱情澎湃，行動力十足，會大膽表露內心情感，性慾亦旺盛。

兩個4及以上：你做人缺乏自信心，但對於感情十分忠貞。

5——意志堅定度。

一個5：你思想單純，意志堅定，在感情上即使對方生二心也不會放棄。

兩個5：你的意志並不堅定，做事容易半途而廢，想要成功的話可以嘗試一些創意性活動。

三個5及以上：你熱情而衝動，而且性格固執，絕不改變自己決定的事情，還要他人都聽你的。

6——自我價值。

一個6：你天性敏感，渴望被他人承認，只有在別人的認可中才能感到自己的價值。

兩個6：你多愁善感，缺乏自信，只有戀人對你的愛護能讓你獲得自信。

三個6及以上：你非常的自信，時刻期望著展示自己，成為眾人的焦點。

7——失戀治療能力。

一個7：失戀後的你還會強顏歡笑，不讓人看出你的心情，不過你的自我治療能力很強，可以從失戀的打擊中走出來。

兩個7：你對戀愛十分投入，所以失戀也會讓你很受打擊，需要向別人傾訴才能紓解。

三個7及以上：你不會輕易動心，一旦戀愛則十分投入，如果遭受失戀的打擊便會一直難以忘記。

8——智力和邏輯性。

一個8：你智力普通，但邏輯性很強，做事喜歡循序漸進，不喜歡預期以外的變化。

兩個8及以上：你聰明獨立，表達能力強，有決斷能力，有領導才華，做事得心應手。

9——體貼度。

一個9：你總是在嘗試理解別人的觀念，然後盡量予以配合，非常體貼。

兩個9及以上：你總是沉醉在自己的想法中，讓別人覺得很難理解。

找啊找啊找朋友

十二生肖中，你更適合和誰交朋友，誰是你要小心的人，誰的話你可以相信？其實要知道也不難，從你們的生肖中就可以初窺端倪。

【解答】

鼠和鼠：很好，但彼此有可能會用卑鄙的手段去欺騙對方。

鼠和牛：彼此之間沒有什麼要說的話。

鼠和虎：無法產生友誼，虎是理想主義者而鼠是物質主義者。

鼠和兔：沒有友誼存在，因為兔對鼠懷有極大的偏見。

鼠和龍：會成為好朋友，因為彼此都欣賞對方的才幹。

鼠和蛇：很好。他們會有很多時間和機會一起說話，甚至談些閒言閒語。

鼠和馬：他們是死對頭，如水火不能相容一樣。

鼠和羊：他們只有很短暫的友誼，很快便會鬧翻。

鼠和猴：關係良好。但猴常常利用鼠。

鼠和雞：只是點頭之交。

鼠和狗：沒有友誼，狗會覺得鼠的興趣太俗氣。

鼠和豬：可以一同出外遊樂，但豬不會欣賞鼠的侵略性性格。

牛和牛：會互相爭權奪利。

牛和虎：死對頭。

牛和兔：會有良好的友情。

牛和龍：牛不會為龍設想，很難產生友誼。

牛和蛇：在性格上他們有很多相反的地方，但卻可能成為好朋友。

牛和馬：最好別合作，否則會鬥得有我沒你。

牛和羊：他們不能忍受對方的脾氣，也看不起對方。

牛和猴：牛會喜歡猴，但猴愛作弄牛，只要不太過分，會成為朋友。

牛和雞：莫逆之交。

牛和狗：性格各異，很難做朋友。

牛和豬：只要不常碰面還是可以交朋友的。

虎和虎：事業上是好的合作者，但不能生活在同一個家庭裡。

虎和龍：互相欣賞，互相合作，可以成為朋友。

虎和蛇：不可能成為朋友。

虎和馬：經常辯論，找對方的錯處，但卻很享受這種關係，彼此欣賞。

虎和羊：合作無間，羊負責出主意，而虎付諸行動。

虎和猴：彼此為雙方著想，但最後還是會不歡而散。

虎和雞：根本沒有想過和對方做朋友。

虎和狗：是真正的知己朋友。

虎和豬：共同相處，但豬要時刻提防。

兔和兔：會是知心朋友，關係良好。

兔和龍：性格吻合，當然會是好朋友。

兔和蛇：很好，彼此會很投契，有很多話向對方訴說。

兔和馬：會有良好的友誼，甚至會是真正的知己朋友。

兔和羊：很好的朋友。兔會欣賞羊的藝術家氣質，而羊也覺得兔的想法很有趣。

兔和猴：兩個好朋友，但在一起的話不能成就大事。

兔和雞：不會成為朋友。因為雞太愛自誇，而兔會覺得討厭。

兔和狗：可以成為朋友，兔會對狗採取諒解的態度，雖然兔不能對狗有什麼實際的幫助。

兔和豬：可以是朋友，只要不一同外出，因為豬的好勝心常使兔不安。

龍和龍：不可能成為好朋友，會互相猜忌，有很多摩擦。

龍和蛇：會互相幫助，互相合作。

龍和馬：不可能是朋友，因為馬太個人主義，付出很少，而要求很多；而龍付出很多，同時亦要求很多。

龍和羊：是天造地設的一雙，彼此會對對方的才氣著迷，如果是一男一女，會發展成為愛情。

龍和猴：猴可以對龍為所欲為，但龍亦會利用猴。

龍和雞：相處雖然融洽，但沒有深厚友情。

龍和狗：不會成為朋友，因為狗有時太現實，龍無法接受。

龍和豬：是很平淡的友誼，不會深交。

蛇和蛇：是很快樂的好朋友，能合力完成事情。

蛇和馬：會成為朋友，馬的暴躁脾氣對蛇根本不起作用。

蛇和羊：只要蛇樂意幫助羊，就會成為朋友。

蛇和猴：只是普通的友誼，沒有深厚的感情。

蛇和雞：是好朋友，彼此會有很多的話要說。

蛇和狗：很難成為好朋友，最好只限於一般社交往來。

蛇和豬：可能成為朋友，又可能不是，只有時間才能判定。

馬和馬：很好的朋友，彼此會尊重對方的個性。

馬和羊：是好朋友，一起遊玩時會很開心。

馬和猴：馬絕不會信任猴，難以成為朋友。

馬和雞：一般交際上的朋友，沒有真正的友誼。

馬和狗：會討論一些政治問題，如果見解一致，可以成為好朋友。

馬和豬：可能建立友誼，但豬是有保留的，這點豬是對的。

羊和羊：合得來，但不會太依賴彼此。

羊和猴：很好。猴會喜歡羊，在一起時會很快樂。

羊和雞：不能建立友誼，性格不同，甚至互相鄙視。

羊和狗：不容易成為朋友，會覺得很難忍受對方的作為。

羊和豬：可以成為朋友，豬懂得如何和羊相處，也很喜歡羊。

猴和猴：很有趣的關係。在一起時，彼此常會作弄對方。

猴和雞：志趣不相投，結果只會不歡而散。

猴和狗：可能成為朋友，如果猴看得起對方。

猴和豬：是兩個好朋友，因為猴尊敬豬。

雞和雞：不可能成為朋友，只會互相敵視，互相排斥。

雞和狗：心中始終有隔膜，不能互相溝通。

雞和豬：豬最好和雞保持一段適當距離。

狗和狗：是要好的朋友，但彼此的關係不會很快樂。

狗和豬：兩個都是忠心的朋友，豬能減輕狗心中的疑慮，對狗很有幫助。

豬和豬：同甘苦，共享樂，是真正的莫逆之交。

你的情緒容易失控嗎？

現代社會生活壓力巨大，如果沒有適當的方法排解，久而久之會令人情緒失控，忽然爆發出來，造成不可挽回的影響。想知道你是不是能夠控制自己情緒的人嗎？

占卜方法：

在下面五組牌中憑直覺選出1組。

A、紅心J、黑桃4、方塊3。

B、方塊A、紅心9、梅花7。

C、紅心3、黑桃6、梅花Q。

D、梅花2、紅心4、方塊3。

E、黑桃K、梅花5、大鬼。

【解答】

A、情緒失控指數70%。

你個性衝動，是個情緒化動物，只要衝動起來，想說什麼就說什麼，而且說出口之後還不知道自己說錯了，也完全沒注意到對方聽到了會不高興，說多錯多，不知不覺就傷害到了別人。所以當衝動的情緒沖上腦門的時候深呼吸一下，想想你要說的話到底該不該說，不該說的話就別說，多做事少說話才是聰明的選擇。

B、情緒失控指數50%。

你做事勤勉謹慎，專心致志，有一套自己的處事標準，但你也喜歡用自己的標準要求他人，希望對方和你一樣認真專注，如果對方做不到你的要求，你會很不高興。另外你還對那種只靠嘴皮子不勞而獲的人非常憤慨，又不喜歡別人干涉你做事的方式，對於瑣碎的事情及虛偽的交際活動已到了憎恨的地步，所以一旦有人干涉你的行為，或者當你看到無法接受的事情時，你就容易情緒崩潰，產生想罵人的衝動。

C、情緒失控指數30%。

你的個性沉悶，對於身邊的事情一向很少有情緒上的反應，就算身邊的人怎麼做都很難動搖你的情緒，所以你也很少有情緒失控的時候。但是長此以往會讓你變得性格憂鬱，而且因為你和周圍人的格格不入會讓你受到他人的排擠，可是你又不想多做解釋，讓誤會越積越深，最後反而給了你自己很大壓力，造成情緒失控的可能。

D、情緒失控指數100%。

你熱愛交友，喜歡和朋友們在一起遊玩，其實是因為你很怕孤單寂寞，只要一個人獨處的時候就會覺得不安，產生憂鬱感，然後就會開始拼命找朋友，希望能夠擺脫孤單的感覺，如果無法如願，你的情緒就會爆發。你是個非常容易被環境影響情緒的人，其實當情緒來的時候你可以嘗試轉移自己的注意力，到戶外走走，到大自然中放鬆一下，可能讓你情緒得以自然發洩，而不會傷害到周圍的人。

E、情緒失控指數80%。

你一向很愛出風頭，但個性又大咧咧，很容易觸怒了別人而不自知，所以人際關係總是處理的不好。其實你是很在乎友誼的，又很愛面子，一旦別人對你表示不滿，你會覺得自尊心受傷，卻又不知道是自己的問題，所以容易產生極端的情緒化行為。如果能夠試著放下身段，多聽聽別人的意見，遇事多理性的思考一下，你會發現人際關係會比你現在好得多。

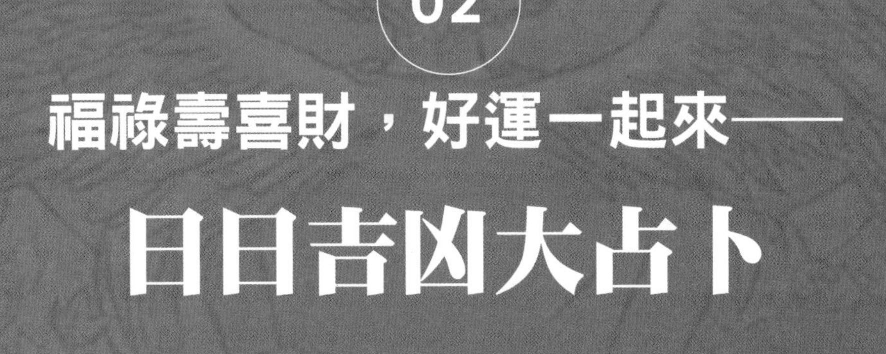

02

福祿壽喜財，好運一起來——

日日吉凶大占卜

一日運程大占卜

想知道今天的運程怎樣嗎？不妨自己用撲克牌來占卜一下。

占卜方法：

將撲克牌中的鬼牌去掉，只留52張，然後按照今天的日期切牌。也就是說，今天是多少號，就切牌多少次，假設今天是7號，那就切牌七次。之後在心中想著：「今天是怎樣的一天呢？」然後從所有牌中隨意抽出一張來，就可以知道你今天的運程了。

【解答】

【紅心】預示戀愛。

紅心A：今天絕對會有好事喔！就算是主動出擊也會成功。

紅心2、5、8、Q：你喜歡的人會出現，或者你會發現誰才是你最重要的對象。

紅心3、6、9、J：要小心喔！今天的妳和危險的男生有緣，但對這樣的關係千萬要先仔細想想。

紅心4、7、10、K：就算有戀情的發生，也是一段短暫的感情，所以要好好保護自己，不要受傷。

【梅花】預示學業和友情。

梅花A：同樣是最佳的預告牌，考試會非常的順利，跟朋友的關係也非常好。

梅花2、5、8、Q：在學業上，如果是理科方面的話會遇到阻滯；在友情方面，你會獲得朋友們細心的小關懷。

梅花3、6、9、J：如果有課本之外的進修，一定會很順利；在友情方面，會和朋友們一起發現新的樂趣。

梅花4、7、10、K：在學業上，可以好好下點工夫喔！一定會有不小的收穫；在友情方面，小心別對朋友說出太嚴苛的話。

【方塊】預示金錢。

方塊A：金錢運極佳，隨時會有意外的收入。

方塊2、5、8、Q：今天可能會有人向你借錢喔！如果糟糕的話可能會被敲詐。

方塊3、6、9、J：會有得到意外之財的機會，但機會卻很難把握。

方塊4、7、10、K：會有一些意外的賺錢機會。

【黑桃】預示不吉利。

黑桃A：可能會因為知道了別人的祕密而導致危險喔！

黑桃2、5、8、Q：小心被人趁虛而入，比如推銷員之類。

黑桃3、6、9、J：會興起一些壞念頭，但就算成功了也會招來怨恨喔！

黑桃4、7、10、K：不要興起對人不利的念頭喔！否則會損人不利己。

最愛看相的星座

【解答】

第一名：水瓶座。

水瓶座永遠都在追尋生命的奧祕，至於要怎樣探祕，占卜當然是最常用的方式啦！不論是心理測驗還是星象算命，不論是東方的八字風水還是西方的星座血型，水瓶都絕不放過。

第二名：天蠍座。

有關神祕的東西怎麼能少了天蠍的份呢！對於這種東西，天蠍一向是不做則已，要做就做到底，全套一起上。而且對天蠍來說，占卜這種東西可不是迷信喔！這可是實實在在的科學。

第三名：雙魚座。

愛好幻想的雙魚座，喜歡為自己規劃一個美麗浪漫的未來，幻想了這麼多，當然是給自己算一算，看看是不是能真的實現最好。而且，就算是不信星座的雙魚座，也會信奉某種宗教，期望能夠找到未來的一些提示。

第四名：巨蟹座。

巨蟹座是出名缺乏安全感的，所以憂思多多，總是在擔心，擔心自己，擔心家人，擔心朋友，擔心的時候怎麼辦呢？不妨占卜問卦一下。所以巨蟹座也是很愛占卜的，而且占卜的時候一定會幫自己的親人和朋友也問一問，非常友愛。

第五名：處女座。

處女座雖然很實際，但卻出乎意料的喜歡占卜呢！原來處女座喜歡早早計畫好未來的事，而占卜對其來說就是能幫助輕鬆制訂未來計畫的方法了。只是，處女座不喜歡被別人知道他喜歡占卜，也不想讓人知道他問些什麼。

第六名：魔羯座。

魔羯座其實絕對相信命運，是個會偷偷摸摸去占卜的星座。不過比起請別人占卜來說，魔羯座更相信自己喔！佩戴水晶或者其他轉運物之類，反而更合魔羯的心意。

第七名：天秤座。

天秤座對生命充滿好奇，常常想知怎樣自己會這樣而不是那樣，這種事當然問神比較好。而且天秤座處事猶豫，占卜倒不失為一個給自己信心的好方法。若是小事天秤座也許自行解決，但一遇到大問題，還是求神問卜好了。

第八名：牡羊座。

自信破表的牡羊座最信的人是自己，神？看不見的東西為什麼要相信？所以牡羊座就算占卜的話也是圖好玩，他才不信這個呢！

第九名；金牛座。

最最講究實際的金牛座是不會相信占卜這種事的，今天穿藍色就會財運降臨？笑話！他相信的是凡事要靠自己的雙手，一分耕耘、一分收穫，至於占卜？只是迷信罷了。

第十名：獅子座。

要是聊占卜星象之類，獅子座會是其中侃侃而談的那個，熱絡的語氣會讓你以為他是個占卜迷，可是實際上，除非倒楣到不行，獅子座是不會相信這個的，要知道獅子座的主宰一定是他自己。

第十一名：雙子座。

多變的雙子座想法多多，可能剛剛占卜完就忘記占卜結果了，又或者過一會兒已經不是這樣想的了；一會兒對占卜嗤之以鼻，一會兒又覺得占卜異常的神準。所以對雙子座來說，占卜恐怕是在浪費時間金錢。

第十二名：射手座。

射手座對待占卜是兩個極端。有些射手座會覺得占卜毫無必要，反正不論好壞總會發生，何必要占卜呢？但是如果愛上了占卜的射手座，就會成為其中的狂熱分子，異常投入。

最近會倒楣嗎？

想知道你最近會不會倒楣嗎？在下面十張牌中憑直覺選出一張來就能知道了。

A、Joker　　B、紅心K　　C、黑桃3

D、梅花4　　E、方塊2　　F、黑桃5

G、梅花9　　H、紅心A　　I、梅花10

J、方塊7

【解答】

A、Joker——倒楣指數50。

最近忙於和久未見面的朋友聚會，讓你樂在其中，結果卻忽略了自己的家人，容易導致爭吵。平衡好家人和朋友的關係才是最重要的。

B、紅心K——倒楣指數0。

最近你風頭正勁，一切計畫都會按照你的想法進行，朋友又會盡力給予幫助，正是風生水起之時，絕不會倒楣的。

C、黑桃3——倒楣指數80。

你性格太過倔強，凡事都不肯認輸，會讓你的另一半覺得你難以相處，因此最近要小心出現第三者喔！多體諒對方的心情，才能維繫你們的感情。

D、梅花4——倒楣指數70。

你總是一副無所謂的樣子，對什麼事情都不在乎，也沒有什麼目標，要知道不夠積極主動會讓你失去很多東西的。最近要小心遲到誤事，以及呼吸道方面的疾病。

E、方塊2——倒楣指數10。

多和同事朋友們親近，送點小禮物，請吃飯都可以，可以幫你拉近彼此的感情。最近要小心因不善言辭被人冤枉，感情上記得多動動腦筋逗人高興。

F、黑桃5——倒楣指數90。

最近會有無妄之災，就算是人家故意挑釁，忍一時之氣才是聰明的選擇。要小心行車安全，因為被開罰單的可能性很高。

G、梅花9——倒楣指數40。

最近在金錢上有點緊巴巴，想做的事做不了，既然不開心還不如努力賺錢改變現狀。記得別輕易借貸，以免債務纏身。

H、紅心A——倒楣指數20。

你太過挑剔，雖然這樣做事情不錯，但會影響你的人際關係，所以有約會的話要當心被人放鴿子。

I、梅花10——倒楣指數30。

最近做事都還蠻順利的，但千萬不可鬆懈，一鼓作氣才行。做事情前多參考長輩的意見，別輕易聽信別人的話。戀愛的人要小心感情破裂。

J、方塊7——倒楣指數60。

風水輪流轉，平常愛整人的你現在要小心被人整喔！金錢方面會有一定的損失，也要小心熬夜上火長痘痘。

瓜子中看出你最近的忌諱

身邊的東西都可以用來占卜，這次試試用瓜子來占卜吧！隨意抓一把瓜子，然後四粒四粒的撥開，看看最後剩下的瓜子數是幾，就可以知道你最近在哪方面要特別小心了。

【解答】

（1）不剩——小心被出賣。

你對人從來不設防，以為人人都是好人。別人只要奉承你就覺得他是好人，對人完全信任，一旦碰上了陽奉陰違之徒，也許人家在背後散佈謠言，講你是非，但你卻完全不知道。

化解之法：害人之心不可有，防人之心不可無，聽別人的話時多動動腦子，自己判斷對方的真偽。佩戴藍水晶吊墜可以助你頭腦清晰，更清楚地分辨是非。

（2）剩下1粒——小心愛情陷阱。

要小心在感情上受人欺騙，跌進人家的感情圈套。也許你剛剛認識了一個讓你動心的人，其實對方早已名花有主，卻沒有讓你知道；或者和你在一起的人並不是真心喜歡你，最後會讓你受傷害。

化解之法：在床頭放一株葉子較大的植物，可以化解愛情上的麻煩。

（3）剩下2粒——學業／工作不順利。

在學業或工作方面可能會有阻滯，事先訂好的計畫卻沒能如期完成，或者你發現事情並不如你設想的簡單，而是困難重重，需要花費大量的時間和精力才能完成，又或者是意外出現的人和事影響了你的計畫進度。

化解之法：多搭配和綠色有關的衣服、用品等，因為綠色的東西可以幫助改變困局。

（4）剩下3粒——人際關係不和。

這段時間你的心情可能不大好，因此容易和人發生爭執，甚至導致誤會。要注意克制自己的情緒，不要為了小事而發脾氣，或者說一些會得罪他人的話。

化解之法：紫色的擺設或者佩戴紫色的飾物是調劑人際關係的好方法。

煎雞蛋裡的預兆

煎雞蛋是廚藝入門的第一步，但是你知道嗎？煎雞蛋時也可以看出你今天的健康運程呢！如果你打算用荷包蛋做為今天早餐的話，不妨順便看看自己今天的運程吧！

方法很簡單，在煎雞蛋的時候，把雞蛋敲向鍋邊，倒進鍋裡，從過程中就可以判斷你的健康運程了，不過要記得只能敲一次。

【解答】

（1）一次沒能把雞蛋打開——說明你精力透支過度了，要小心傳染性的疾病。記得多休息，去醫院聽聽醫生的建議也行。

（2）雞蛋沒能全部打進鍋裡——沒有一次成功的話，說明你運動太少，反應遲鈍喔！要改變的話，就多運動吧！另外多喝水、吃健康食品也是個好方法。

（3）雞蛋打進鍋裡，但蛋黃破了——說明你休息得不夠，導致體內燥熱，身體上會出現一些小毛病。記得多喝水、多吃水果，喝點涼茶也是不錯的選擇。

（4）蛋黃在蛋白中央——病從口入，你可能會因為食物莫名其妙的長出小暗瘡來，要注意飲食衛生喔！

（5）蛋黃不在蛋白中央——說明你可能有腸胃不適、便祕、胃痛等毛病。注意一下飲食會比較好。

中國星座看你的運程

除了西方有十二星座之外，在中國傳統曆法中也有星座的演算法，只不過中國的星座只有九個，是根據你的出生年來計算的。對照下面的表格，看看你屬於哪個星座。

星座	出生年分
白星1	1971、1980、1989、1998、2007
黑星	1970、1979、1988、1997、2006
碧星	1969、1978、1987、1996、2005
綠星	1968、1977、1986、1995、2004
黃星	1967、1976、1985、1994、2003
白星2	1966、1975、1984、1993、2002
赤星	1965、1974、1983、1992、2001
白星3	1964、1973、1982、1991、2000
紫星	1963、1972、1981、1990、1999

注意：出生年分根據農曆計算，在農曆春節以前出生的人屬前一年出生。

【解答】

（1）白星1。

你外柔內剛，性格固執，善於交際。在事業上，不太適合管理工作，亦不可貪心求進，最好安守自己的職位，隨著年齡增長，工作會越來越好。女性會兼顧事業與家庭，但固執的性格會影響戀愛。

（2）黑星。

你性格有些猶豫，嫉妒心強，不喜順從別人。在工作中記得要對人恭敬有禮才行。戀愛方面，容易迷惑的性格會影響你的戀愛運，有所動搖時不妨多諮詢一下朋友的意見，一如既往才能保證戀愛順利。中年以前不可發生情色糾紛，否則會招致禍患。

（3）碧星。

你性格爽直，但缺乏耐心，做事虎頭蛇尾，要想成功，需自我約束、謙虛待人。事業會在中年之後有所成就。婚姻運較淡，但若能和睦家庭，對自身的運程會有幫助。

（4）綠星。

你才智出眾，但憂思過多，迷惑時不妨聽聽別人的忠告。在感情上，你懂得照顧他人，因此非常惹人喜愛，但對婚姻問題要小心處理，否則有再婚的可能。

（5）黃星。

你性格大方開朗，氣運強順，但性格固執高傲。工作中一定要謙虛才能成功，一味瞧不起人，只會招致失敗。戀愛運不順，但結婚後就會有穩定的家庭。

（6）白星2。

你自尊心太強，做事急躁，需知腳踏實地才能有所成就，千萬不可驕傲。戀愛運平平，婚後對伴侶多加遷就，便能使家庭和諧。

（7）赤星。

你外表溫文，善於交際，但內心驕傲，自以為聰明而看不起人。男性要注意自己的言行舉止，小心男女問題，女性則要避免浪費。

（8）白星3。

你外柔內剛，物質運強，有白手起家的能力，但慾望不可太露，做事也千萬不要太鑽牛角尖，小心謹慎為上。男性適宜晚婚，要重視家庭生活，女性盡量不要嫁給長子。

（9）紫星。

你外形出色，多情但善變，看似堅強實則脆弱，記得做事要有始有終，不可誇張，不要貪圖物質享受。已婚男士要慎重處理婚姻關係，否則可能再婚。

牙籤占卜你的事能成功嗎？

取五支牙籤放在手中，用兩手疊加捏緊，把想要問的問題在心中默唸，然後用力折斷牙籤，從牙籤折斷的數目，就可以知道你要問的事結果會如何了。

【解答】

（1）五支牙籤全部折斷：你的心願可以達成，只是需要你多花費一些精力，只要你有付出，那麼就一定會有收穫。

（2）折斷四支牙籤：成功就在眼前，只要你能夠堅持下去，就能夠達成心願。唯一需要小心的是親近的人會出賣你，所以自己的祕密還是先不要對人說吧！

（3）折斷三支牙籤：可能會出現被孤立的局面，所以現階段還是韜光養晦，埋頭做好自己的事吧！只要堅持向前，現在的逆境總會過去的，不過千萬不要忘記曾經幫助過你的人啊，否則會有報應的。

（4）折斷兩支牙籤：因為是非和小人的出現使你處處碰壁，但只要抓住機會，你就能達成心願。如果能夠幫助你的人沒有出手相助也不要害怕，轉變一下你的生活方式，你會得到更多。

（5）折斷一支牙籤：雖然有了好的想法，但因為沒有可以商量的對象，所以還是覺得迷惘。這時候也許經濟上有困難，但只要能忍耐，就能達成理想。

（6）沒有牙籤折斷：要達成心願會有許多的阻滯，所以現在最好不要有什麼舉動，以靜制動比較好。要注意身邊的微小事物，千萬不要隨意得罪人。

十二生肖起運時間

每個人的命數不一樣，起運時間也是不一樣的，下面的分析可供參考。

【解答】

（1）鼠。

鼠屬於天貴星，排位第一。通常屬鼠的人志向極高，利慾心很強，很早就會確立自己的目標，因此在十幾歲時就可以展現出自己的風采。

（2）牛。

屬牛的性格誠實勤奮，任勞任怨，做事往往都是埋頭苦幹，但因為不太善於交際，慣於忍耐，因此起運稍微晚一點，一般要到25～26歲。

（3）虎。

虎內心堅毅，自信十足，很有幹勁，但習慣於獨來獨往，凡事不喜與他人合作，所以通常要到中年之後才會有很好的成績。如果在30歲之前有了成就，那多半也只是事業的一個小高峰，更大的收穫還在後面。

（4）兔。

屬兔者性格溫和沉靜，喜靜不喜動，多半都安於現狀，很少試圖去開拓疆域，爭取收穫，因此容易喪失機會。所以屬兔者的起運時間多半在28～33歲這五年當中。

（5）龍。

龍性格剛強勇猛，但也自視頗高，極為自負，因此有時候做事偏激，容易與他人意見不合，導致到手的機會喪失，但屬龍者天生有貴人相助，起運還是比較早的，通常16～18歲就可以起運。而如果能夠聽取別人的意見，那28、38、48都會有好機會。

（6）蛇。

屬蛇者才智聰穎，交際又廣，善於跟別人打交道，因此要成功也很容易，但屬蛇者不定性，目標常常更換，經常做出了一點成就就失去了興趣，轉向別的方面。通常起運的時間是26歲。

（7）馬。

屬馬者喜動不喜靜，樂於交際，愛出風頭，善於與人合作，而且屬馬者也多有貴人相助，起運時間很早，16、17歲就能起來了。

（8）羊。

屬羊者性格溫柔善良，禮貌謙恭，但因為同情心太強，容易上當受騙，於是屢屢受挫，直到承受了種種磨難教訓，讓屬羊者意識到必要時必須狠一點的時候，他們才能起運，這時大概已經是35歲了。

（9）猴。

屬猴者性格活潑，聰明伶俐，多才多藝，但愛說大話，做事情又不肯踏踏實實，往往虎頭蛇尾，毛毛躁躁的。不過屬猴者起運時間比較早，多半在21歲就可以起運。

（10）雞。

屬雞者聰明勤奮，胸有大志，而他的起運時間和貴人相關。如果有貴人相助，那屬雞者能夠早日成功，大概在22歲就起運了，但如果沒有貴人相助，起運時間通常在26歲，或者到30歲才來臨。

（11）狗。

屬狗者勤奮忠厚，有膽有識，但因為太過忠厚，所以多半是做為輔助他人的功臣，缺少屬於自己的事業，只有在被輔助者成功後才會開始自己的事，因此屬於大器晚成型，通常在32歲以後起運。

（12）豬。

屬豬者性格直爽坦白，但也因此容易得罪人，如果能夠放開心胸，心氣平和一點，才能保證自身事業的順利發展，而到這個時候，通常也是32、33歲左右了，這也是屬豬者的起運時間。

古埃及文字占卜你一天吉凶

凡是古老的東西總是神祕的，而擁有古老文明的埃及更是充滿著令人著迷的魔力。五千多年前通行的古埃及象形文字是世界上最古老的語言之一，也是埃及人用來占卜吉凶的符號，古埃及人將這些文字刻在石頭上，在占卜時任意誠心選擇一塊，就可以知道今日的運程了。流傳了五千年的占卜方法可是相當靈驗的喔！不相信你也試一試！

占卜方法：

在下面六個語詞中任意選擇一個，記得一定要誠心喔！

A、城市。　B、樹木。　C、水。

D、沙漠。　E、屋舍。　F、遊戲。

【解答】

A、你今天運勢極佳，不論在哪一方面都異常順利，能夠輕輕鬆鬆完成。唯一需要擔心的是人際關係的問題，要好好對待你的身邊人，將你的成功和家人分享，不要在背後說人是非，讓朋友對你疏遠。

B、你今天會遇到非常好的機會，一定要好好把握。今天會發生一些令你成長的事情，比如學到新的東西，令你受益匪淺。如果是已婚的人，則很有可能會有小生命降臨喔！

C、你今天的生活平靜如水，不會有特別的大事發生，工作和生活都非常的順暢，效率極高。唯一要小心的是出些小錯，但是如果能虛心請求前輩的指導，就可以輕鬆的解決問題了。

D、你今天的事情不會順利，做事都很難成功，所以今天最好韜光養晦，千萬不要與人爭執或競爭，避免造成不必要的損失。不過今天的財運還不錯，有機會獲得一筆意外之財，更有可能解決曾經的經濟困難。

E、你今天宜動不宜靜，要少說話多做事，最好要有動的情況出現，比如出遊、搬遷、換工作等來轉運，否則會造成工作或生活上的困境，嚴重的甚至可能惹上官司。

F、你的愛情狀況會發生一些改變，如果是單身的話，那麼你很可能遇見理想的另一半，開始一段新的戀情；但如果是戀愛的人就要小心了，它表示你的愛情有些動盪，可能會有爭吵，嚴重時也許會導致不可挽回的裂痕，所以要好好呵護你的愛情喔！

你能轉運嗎？

最近的運氣很背嗎？事業不順利、感情受挫、健康狀況不佳？想知道什麼時候才能來個命運大翻盤嗎？

不妨選出以下四款寶石中的一種，看看你何時能夠轉運。

A、紅寶石。

B、藍寶石。

C、祖母綠。

D、海藍寶石。

【解答】

A、轉運指數100%

恭喜你，你的好運終於來了，而且是非常非常好。單身的人會有新的戀情降臨，而已有戀人的感情會有進一步的發展。工作方面你會有很不錯的成績，與同事相處融洽，家人也會全力支持你。總之是一切都很幸福，你只要好好享受就是了。

B、轉運指數80%

這款寶石表示你工作方面的轉機。工作方面開始有進展，只要你這時候能夠和同事齊心協力，就能夠順利解決問題。要記得很多事情都是互惠互利的，只有懂得為別人付出，才能夠得到他人的支持。

C、轉運指數70%

這款寶石也表示你工作方面的轉機。你現在所做的事暫時還不會有太大的收穫，但只要你堅持下去，就能夠從中獲得不少經驗，時間會證明你長久以來的努力。只要你不斷提升自己，就能獲得別人的信任和尊重。還要記住，要讓自己更好融入到人群中，才能獲得更好的工作機會。

D、轉運指數90%

這款寶石表示你在愛情和財運方面的轉機。有戀人的會彼此更加互相吸引，兩人都樂意為這段感情付出精力，開始享受快樂的時光。財運方面，你吃喝不愁，物質生活豐富，但還是要謹慎理財的好。

你最近容易被騙嗎？

雖然大家都知道騙人不是好事，不過總有那麼多人喜歡不時騙別人一把，即使是善意的騙局，被騙的人也是不太開心。如果不想被騙，就來占卜一下，看看你最近的被騙指數有多高，讓你做好準備。

占卜方法：

根據你自己的直覺，從下面的圖片中選出你最喜歡的一張。

A

B

C

D

【解答】

A、被騙指數50%

選擇這張牌的你，是一個相對而言很有判斷力的人，對於別人的話你不會輕信，而會經過自己的思考之後再決定，所以你並不是太容易被騙。

B、被騙指數20%

選擇這張牌的你，是一個自我保護意識很強的人，你有很堅定的標準，非常相信自己，也從不會輕易相信別人的話，因此要騙你很難。

C、被騙指數75%

選擇這張牌的你，是個天真無邪的人，看事情總是只看表面，而不去深思背後的問題。遇事多看看周遭的情況，用自己的腦子想想，可以讓你沒那麼容易被騙。

D、被騙指數90%

選擇這張牌的你，擁有一顆少女（少男）的心，你總是覺得自己很聰明，所以絕對不會被人家騙，就算你會想「他是不是在騙我」這樣的問題，但卻很難分析清楚，所以你要小心了，因為你實在太容易被騙了。

犬吠看運程

來個簡單的占卜吧！要知道未來的運程，聽聽你家的寵物犬在什麼時候叫吧！

【解答】

子時：家庭中會有紛爭。

丑時：會心神不寧。

寅時：會有意外的財運。

卯時：之前的投資會有回報。

辰時：金錢和運勢都不錯。

巳時：有親友從遠方來相聚。

午時：會有宴會，享口腹之慾。

未時：親人死亡的凶兆。

申時：家中會有小麻煩。

酉時：地位會高升。

戌時：小心口舌招災。

亥時：會惹上官司紛爭。

耳朵發熱了嗎？

中國傳統的占卜中，身體上的某些小反應其實就是某種預兆，代表著即將要發生的事情，諸如耳朵發熱、打噴嚏、眼皮跳都可以知道將要發生什麼事。現在，你耳朵發熱了嗎？

【解答】

（1）左耳發熱。

子：最好去廟裡拜拜。

丑：會有喜事。

寅：會有人宴請你。

卯：有朋自遠方來。

辰：財運不錯。

巳：小心會損失財物。

午：有好事要發生。

未：有客人來。

申：會有喜事。

酉：事情很順利。

戌：容易與人發生爭執。

亥：會有官司纏身。

（2）右耳發熱。

子：事情會很順利。

丑：事情會很順利。

寅：事情會很順利。

卯：任何事情都可以順利。

辰：有財運喔！

巳：事情都不順利。

午：工作很順利。

未：有人要請求你的幫助。

申：會有人請你吃飯。

酉：姻緣到了。

戌：有好事要發生。

亥：會有官司纏身。

小噴嚏預示大事件

子：會有人請吃飯。

丑：會有人請你幫忙。

寅：會有客人到訪。

卯：財運不錯。

辰：會有人宴請你。

巳：投資的話會有好的回報。

午：遠方的朋友會邀請你去玩。

未：會有很好的事情發生。

申：最近壓力很大。

酉：擔心的事情如果說出來了就會解決喔！

戌：喜歡的人會對你表白。

亥：會受到一場虛驚，但結果很好喔！

眼皮跳，有預兆

【解答】

（1）左眼。

子：會有貴人相助。

丑：有令你煩惱的事。

寅：遠方有客人來。

卯：會出現你命中貴人。

辰：有客人來拜訪。

巳：有人請吃飯。

午：有人請吃飯。

未：事情都很順利。

申：有好機會到來。

酉：會和朋友聚會。

戌：抓住機會就能成功。

亥：會有桃花運。

（2）右眼。

子：會和朋友聚會。

丑：會有人想你。

寅：好事要發生了。

卯：和周圍人關係很好。

辰：小心會破財喔！

巳：會有不好的事情發生。

午：有很不好的事情。

未：會有小小的錢財損失。

申：有好事要發生。

酉：喜歡的人會出現。

戌：有親人會來。

亥：手上的工作會很順利。

面熱占卜法

【解答】

子：有好事會發生。

丑：最近桃花運很旺喔！

寅：會和朋友相聚。

卯：有人請吃飯。

辰：會和朋友相聚。

巳：有不好的事發生。

午：喜歡的人會出現。

未：會和人發生爭執。

申：有貴人相助。

酉：有人會給你很好的忠告。

戌：有人請吃飯。

亥：會和人發生爭執。

你喜愛的東西會失而復得嗎？

最近是不是遺失了自己心愛的東西？是錢包掉了？還是最喜歡的衣服怎麼都找不到？或者熱戀的情人卻突然和你分手了？想要尋回自己失去的東西，看看究竟有沒有失而復得的機會，占卜一下就知道了。

占卜方法：

依直覺從下列撲克牌的組合中挑選一個。

A、草花2、紅心A、紅心6。

B、草花J、方塊5、紅心Q。

C、草花A、方塊4、紅心6。

D、黑桃9、草花4、方塊7。

E、黑桃K、紅心Q、大鬼。

F、草花4、方塊4、紅心K。

【解答】

A、失而復得指數80%

你才華橫溢，能適應不同的環境，喜歡幻想，最近好運光臨，舊情復燃的可能性頗大。失去後才知道原來的好，既然不介意跟對方繼續有情感或肉體上的曖昧，那很容易會和對方重續前緣。雖然在物質上不會有太大的成就，但是身心還是挺幸福的。

B、失而復得指數30%

你總是粗枝大葉，丟三落四的，很多時候就算是錢掉了，你自己還弄不清楚。不過你性格親切謙恭，好東西又樂於與人分享，頗有劫富濟貧的俠義精神，對於感情事也比較順其自然，合則聚，不合則散，不會耿耿於得失。

C、失而復得指數60%

你個性率直，活潑開朗，喜歡無拘無束的生活，失去的東西對你而言都已經是過去的事，你也不會再為之傷感，反正舊的不去新的不來，你自信更好的選擇就在前方，所以也不會太在乎。

D、失而復得指數70%

你頭腦冷靜，做事勤勉，思維清晰，處理事情有條不紊，很少出錯，因此也很難有物質上的損失。但因為太過一絲不苟，有時反而無法掌握大方向，容易在感情上有所挫折，但只要能夠拿捏好分寸，還是很有可能失而復得的。

E、失而復得指數20%

你正直自信，但偏偏極愛面子，對於失去的東西絕不願表現出太多的關切，以免被別人知道，就算要尋找也只是自己偷偷地獨自進行，打死不向外界求助，所以要想找回失去的東西只好碰運氣囉！

F、失而復得指數90%

你個性溫和踏實，行事沉著慎重，非常追求物質享受，為人幽默風趣，常得到朋友的青睞。由於朋友太多，所以常常會有人向你借錢，你又會因不好意思開口而討不回自己的錢。雖然內心不願意，卻無法拒絕朋友的要求，其實只要肯開口，能要回來的機會還是很大的。

骰子預知今日運勢

你知道嗎？骰子最早被設計出來就是用來占卜的，只是後來才慢慢演變為博彩用具的。現在，就讓我們試試骰子最初的奇異能量吧！

占卜方法：

準備三個骰子和一張五十公分的正方形紙，將紙鋪在桌面上，心中想著要占卜的事情，然後將三個骰子同時丟在紙上，看骰子的合計數是多少，就可以對照解答瞭解你的運勢了。擲骰子時，如果其中有一個落到紙的外面，就必須重來；如果連續出現兩次這種情形，那表示你今天實在不適合算命。如果骰子掉到桌子底下，就是惡運的兆頭，可能你的心願很難實現，或者你將與人爭吵，發生口角。

【解答】

（1）合計數3。

恭喜你，你的心願可如期達成。

（2）合計數4。

煩惱的事情不斷發生，會讓你感到失望、灰心。

（3）合計數5。

命中有貴人相助，沒什麼好擔心的。而且，還會從意外的人口中得知好消息。

（4）合計數6。

要達成心願可能會損失財物，還是小心謹慎較好。

（5）合計數7。

對愛情而言，可能會出現對手或不好的流言。

（6）合計數8。

你的願望可能無法輕易達成，但要記住放棄只會讓你徹底失敗。

（7）合計數9。

這個數字代表麻煩。但是如果三個數字都是3，則表示你的希望很快就能實現。

（8）合計數10。

遇到難題的時候不妨往自己身邊尋找幫助吧！其實家人才是你最大

的助力。

（9）合計數11。

親人或朋友可能生病或有麻煩，讓你操心。

（10）合計數12。

好消息立刻就會到來，看你如何把握了。

（11）合計數13。

所有的不幸即將結束，就耐心等待好運的到來吧！

（12）合計數14。

會出現新的朋友或貴人。另外，要暫時拋棄己見，多聽聽別人的看法。

（13）合計數15。

主動出擊會讓你達成心願，但小心慾望太多招致失敗。

（14）合計數16。

適宜出外旅行或搬家，只要改變一下環境，好運就會隨之而來。

（15）合計數17。

聽聽遠方朋友或長者的忠告，你會受益無窮。

（16）合計數18。

這是最最幸運的徵兆，不論什麼事都會完全照你的想像發展。

經期看妳這個月的心情

女孩子的經期會影響心情，心情也會影響經期，其實這件事早在幾千年前就被人知道了喔！在古老的印度，有位美麗的女王就發現了每個月經期來潮的時間中預示了這個月的心情。

下面的每個數字代表的是妳月經來的日期，對應後面的文字，就能知道妳這個月的心情囉！

【解答】

1日——過去不好的朋友現在好了。

2日——令人傷心的事情將要發生。

3日——這個月會生氣。

4日——令人興奮的消息要到來。

5日——心情不舒暢。

6日——有人會送妳禮物。

7日——不要貪於玩樂。

8日——有事阻礙妳。

9日——有人愛妳。

10日——意料不到的人來找妳。

11日——和朋友的感情很好。

12日——心情總不好，感覺很難受。

13日——發生不開心的事。

14日——今天會有人給妳發消息。

15日——將得到很多收入。

16日——將要出去玩。

17日——有人暗戀妳。

18日——將得到幸福。

19日——妳有妳的隱情。

20日——跟朋友關係不好。

21日——有不幸的事情發生，或者身體不好。

22日——有事會發生。

23日——會有好事情發生。

24日——生活充滿幸福。

25日——最近有人得到幸福。

26日——有人愛妳，並且愛得很專一。

27日——有人愛妳。

28日——這個月裡很傷心。

29日——心情總是不好。

30日——得到了留戀的東西。

31日——生活充滿快樂。

水中的小紙片

所有人都希望自己的運氣上升，也因為這個心理，很多的占卜都是以浮沉來預兆吉凶的。

下面就是占卜師設計的一種「浮水占卜法」，能夠輕鬆預知吉凶。

占卜方法：

（1）準備好大小一樣的紙片三張、盆、一支筆和水。

（2）在其中的兩張紙張上分別寫上「是」、「否」，第三張紙不用寫任何東西。

（3）將三張紙放在盆中。

（4）將水慢慢的倒入盆中，一邊倒一邊集中精神想著自己的問題（只限問是非題）。

【解答】

看看哪張紙先浮上來，這張紙上的字就是你所占卜的答案。若是留白的紙浮上來，則表示事情的結果尚不明朗，可以在幾天之後重新占卜。

撲克牌預測最近的命運

占卜方法：

（1）準備一副撲克牌，留下去掉鬼牌的五十二張牌。

（2）洗好牌，將牌分成任意兩堆，然後將這兩堆牌最上面的那張拿出來，看兩張牌加起來的數字是多少。之後將剩下的兩堆牌合起來，重新洗牌，然後按照剛才兩張牌加起來的數字數出同樣的撲克牌，剩下撲克牌中的第一張就是占卜的關鍵牌了。比如說拿出的兩張牌加起來等於八，那麼第九張牌就是你要的關鍵牌。對照下面的解答，就可以知道你最近的運程了。

【解答】

（1）關鍵牌——紅心。

A——碰到初戀情人並舊情復燃。

2——會收到珍貴的禮物。

3——小心遺失東西。

4——與戀人間會產生誤會。

5——會有約會。

6——有人暗戀你。

7——會有不認識的人向你表白。

8——戀愛中的人，一定會達到目的。

9——最近會得到大家的信任。

10——好運當頭。

J——受到長輩的嘉獎。

Q——與人合夥事業會成功。

K——會有新朋友。

（2）關鍵牌——黑桃。

A——商業上的交易、談判都會很順利。

2——安定的生活會有意外的波折。

3——過去的事會被翻出來。

4——會有些糾紛，十分忙碌。

5——平安無事，但若從事新的工作就會失敗。

6——會給別人很好的印象。

7——會有意想不到的事發生。

8——有精神方面的焦慮症。

9——有非常好的同事和家庭。

10——生活波動，會遭逢意外災難。

J——沉迷於玩樂會招致禍患。

Q——會遇到令你動心的人。

K——最近會有喜事。

（3）關鍵牌——梅花。

A——事情會朝你預計的目標發展。

2——對他人的批評不要計較。

3——運氣不好，對身體也有影響。

4——會發生內訌。

5——會有好點子。

6——為彼此失和而苦惱。

7——沒有賭運。

8——很需要別人幫忙。

9——長時間的辛苦終於有代價了。

10——要財運亨通，起頭是很重要的。

J——小心會忘記東西。

Q——不要干涉別人最好。

K——容易判斷失誤。

（4）關鍵牌——方塊。

A——會有麻煩纏身。

2——可能會生病。

3——情人背叛你。

4——和家人疏遠。

5——事情都很難成功。

6——獲得一線希望。

7——缺錢。

8——被情人厭惡。

9——失去財產。

10——會遇到扒手。

J——計畫會失敗。

Q——會受到別人嫉妒。

K——小心意外事故。

硬幣的舞蹈

人體自身的磁場能夠影響到身邊的事物，而如果潛意識中有著強烈意志的話，就能夠將這種磁場的力量擴大，進而在身邊的事物中反映出來。按照以下的方法操作，硬幣也能反映你的潛意識！

占卜方法：

（1）準備紙、筆、一枚硬幣、一根線。

（2）用線綁著硬幣；在紙上畫一個半圓，再畫一條豎線平分這個半圓；半圓的左邊寫上「否」，右邊寫「是」。

【解答】

半跪在紙前，用手拉著線，心中想著你要問的問題，然後左右擺動線，看最後硬幣的方向，就能知道答案了。

03

唵嘛呢叭咪吽，
all money goes to my home——
財運更比時運高

出生日看你是否天生帶財

其實，每個人的出生日期就部分決定了他的財運高低，有些日期出生的人，就是比其他人更容易在金錢上有所收穫，想知道你是不是天生帶財，那就看看下面最旺的五種生日數裡有沒有你。生日數就是你出生的日期，比如8月16出生的人，生日數就是16。

【解答】

第五名——生日數8

生日數為8的人天生財運很強，尤其是賭運極高，往往是大殺四方，中獎對他們來說簡直就是家常便飯。尤其是雙月分出生的人，即2、4、6、8、10、12這幾個月出生的人，財運比單數月出生的人更好。不過，生日數為8的人同時也是花錢高手，喜歡享受，豪爽大方，自己的生活一定要是最豪華的，同時對家人和朋友都特別的慷慨。不過這類人對於剛交往的異性朋友卻非常吝嗇，大概是因為怕被騙吧！

第四名——生日數15

生日數為15的人有著強烈的物質慾望，天生就能感應到金錢的無窮魅力，也因此他們有著強烈的賺錢慾望，能夠獲得比別人多得多的財富。尤其是5、6、7月出生的人，對於金錢的慾望特別的強烈。只是，太過重視金錢和財富，會給人以貪婪與銅臭的印象，要注意克制喔！

第三名——生日數18

生日數為18的人聰明上進，又能夠踏實工作，能夠依靠自己的努力獲得不小的財富，而這樣得來的財富，穩定而不必擔心失去。尤其是屬馬和屬狗的人，是這類人中的佼佼者。另外，生日數為18的人不僅能夠創造財富，也很懂得享受財富，賺錢之餘，他們會經常旅遊散心，讓自己放鬆一下。

第二名——生日數28

生日數為28的人天生就是優秀的管理人才，很適合自己創業，加上天生的財運上佳，往往能創出一片天地，收穫不小的財富。尤其是屬虎、屬龍、屬蛇、屬豬的人，更為優秀。

第一名——生日數26

生日數為26的人天生就不必為錢操心，小時候家境優渥，長大後又能找到家產頗豐的另一半，完全不需要自己努力就能夠獲得大筆的財富。而偏偏這天出生的人極具領導者風範，長相和氣質甚佳，自身條件出色，完全是上天眷顧的寵兒。

貴人在何方

未來一個月，你的貴人在哪裡，從1到5這五個數字裡面選擇你想到的一個，就能知道了。

【解答】

數字1——貴人指數100分

你的貴人應該是平輩。未來一個月你的運勢很旺喔！貴人會一個接一個的出現，讓你順到不行。

數字2——貴人指數40分

你一向自信心破表，所以不願意向人請教，這種狀況還是改變才好，因為未來一個月你的貴人是個能力不強，但很有經驗的人，如果你小看他而不去請教，損失的會是你喔！因為他絕對能給你意想不到的幫助。

數字3——貴人指數60分

你的能力是100分，運氣也是100分，但未來一個月你似乎情緒低落，此時不妨多向長輩或有相同經驗的人請教，將可以得到相當的慰藉。

數字4——貴人指數80分

貴人會在意外的時刻出現，除了路上會遇到不認識的貴人，你也可以往不同領域的方向尋找，會為你帶來轉機。

數字5——貴人指數20分

貴人不但遠離，甚至於當貴人來找你時，你還不領情。

小錢引大錢

錢幣除了可以買東西之外，也可以用來占卜喔！小小的錢幣，就可以知道你未來一個禮拜有沒有橫財運啦！

占卜方法：

準備1元、5元及10元的硬幣各1個，將它們放進口袋，然後隨意掏出一個，拍在手背上。記得要掏出你碰到的第一個硬幣，而不要選來選去。有圖案的硬幣為正面，而有數字的則為背面。

【解答】

A、1元。

正面：集體財運。

最近有財運，但必須是和人合夥才行，比如合買六合彩等行為，獨自一人則很難中獎。另外，合夥的人最好不要超過五個。

背面：牽累他人。

最近你財運低迷，很難有進帳，而且你最好不要和人賭博或合夥投資，否則還會連累他人，甚至有可能引發經濟糾紛，導致更大的困難。

B、5元。

正面：投資得利。

最近你身邊有帶財貴人出現喔！可以多參加聚會，有機會從朋友口中得到投資獲利的可靠消息，幫助你在短時間內有不錯的收穫。

背面：賺頭蝕尾。

最近千萬不可貪，要小心貪字變成貧，如果有小小收穫就要見好就收，不然會連本帶利輸光，偷雞不成蝕把米。

C、10元。

正面：財運亨通。

最近你偏財運旺到不得了，大到投資，小到與家人玩麻將，都是大殺四方的第一贏家。

背面：債臺高築。

如果不克制自己的賭博的話，可能會害你債臺高築喔！要記得即時抽身，否則是害人害己，輸掉的不只金錢，還有親情、友情及愛情。

你有百萬富翁命嗎？

人人都希望自己成為百萬富翁，但對大部分人來說，要成為百萬富翁可不是那麼容易的事，想知道自己會不會有百萬富翁那令人豔羨的財運，塔羅牌可以告訴你。

占卜方法：

四張塔羅牌（寶劍五、錢幣七、錢幣九、錢幣三）的背面，每張牌都有一個不同的符號，憑你的直覺選擇你最想翻開的那張牌。

【解答】

A、寶劍五。

很可惜喔！你不會成為百萬富翁。因為你是個隨性的人，工作對你來說只是維持生活的必要手段，感情才是最重要的事情，所以雖然你有賺錢的能力，但你寧願把精力放到更喜歡的事上面，如果賺錢會影響到你的生活，你就會選擇不賺，因為你怕多事、怕麻煩。另外，你非常照顧家庭，就算賺了再多錢，你也會分給家人，如果家人負債，你也會幫著分擔債務。佩戴黑色的瑪瑙可以幫助你轉運，當你遭遇到財務危機的時候，將瑪瑙帶在身邊，情況就會好轉。

B、錢幣七。

你有獲得百萬年薪的能力和運氣喔！你聰明機智，有著非凡的創造力，只要能夠積極一點，抓住適當的機會，就能夠獲得高薪的工作。你賺錢的黃金時間是25歲到35歲這段日子，因為這個年齡層的你已經累積了足夠的知識和能力，又有努力向上的行動力，能夠實現自己的夢想。而過了35歲之後，你的心境會漸漸改變，將生活的重心轉移到家庭上，對於事業的慾望會變得平淡。

C、錢幣九。

你是那種有了把握才會去進行一件事的人，這樣的你比較穩紮穩打，不容易失敗，但也因此會在年輕時失掉一些機會。20多歲時候的你對於創業還沒有那麼渴望，你總是覺得戀愛、玩樂更吸引你，現在還不急，而直到35歲之後，當你有了穩定的家庭，你才會覺得需要為自己的家庭創造更好的物質條件，讓你產生賺錢的衝動。所以你的百萬財富將會在35到45歲的時候到來。你可以佩戴孔雀石的飾品，它能夠讓你的頭腦平靜，使你克服不必要的擔心和恐懼，進而勇敢的面對人生的挑戰。

D、錢幣三。

你是個保守而理性的人，這種性格讓你不適合創業，因此你的財富基本上是靠累積得來的。工作中你適合走專業人才型的發展道路，這樣隨著經驗的累積，能讓你成為極受歡迎的高級人才，薪水自然不會少。加上你平日是個相當節省的人，對自己要求嚴格，從不會胡亂花錢。而理財方面你也是踏實穩定型的，更看重長期的投資，而從不期望著短時間獲利的投機行為，這也讓你收益頗豐。所以，到了45到55歲的時候，你就擁有了自己的百萬財富。

未來一個月你可以發什麼財

想知道最近你在哪方面有財運嗎？看看下面的數字，你覺得你的直覺讓你選擇哪個數字，就能知道你最近一個月的發財指數喔！

A、148

B、246

C、252

D、424

E、451

【解答】

A、發財指數80分——時機財。

只要能夠抓住時機，就可以跳槽成功，身價也會隨之水漲船高喔！

B、發財指數60分——智慧財。

只要在工作上好好努力，充分發揮你的聰明才智，那麼獲得財富也就指日可待了。

C、發財指數100分——異性財。

這段時間你的異性緣特別好，經常能夠收到對方送給你的各種禮物。

D、發財指數40分——偏財運。

最近你的財運都在投資上，可以意外的獲利，算是不錯了。

E、發財指數20分——小財運。

雖然發財指數不算太高，但總還是能有些小收穫會不期而至，讓你每天都很開心。

你是個理財高手嗎？

現在的人們都知道，沒有錢可是萬萬不行的，所以賺錢的能力也成為了衡量一個人能力的重要標準，你想知道自己的賺錢能力到底怎麼樣嗎？塔羅牌可以告訴你。

占卜方法：

塔羅牌錢幣10的圖中，你覺得其中的人物所站立的是什麼地方？

A、公園

B、廣場

C、海邊城堡

D、說不清楚

【解答】

A、和許多許多的人一樣，你也是很重視金錢的人，但是就和其他人一樣，你的賺錢能力也只是平平。因為你是個很安於現狀的人，沒有太大的野心，因此對於賺錢的方法和途徑、敏感度還遠遠不夠，若是想實現自己的理想，還需要多多磨練。

B、你在賺錢能力方面非常有潛質，因為你有著堅定的目標，有敏銳的判斷力和決斷力，善於學習，因此能夠讓你適時的抓住機會，獲得成功。隨著年齡的增長，你的賺錢能力也會與日俱增，只要你堅持自己的想法，最後就能成為一名富有的人。

C、你是個感性的人，金錢對你來說並不是生命中最重要的事情，你覺得活得開心比賺很多錢要重要得多。所以在賺錢能力方面，也許你並不缺少智慧和頭腦，但你卻缺乏強烈的企圖心和勤奮求進的意志力，既然不想自己生活得太累，那麼你也就很難獲得大筆的收入了。

D、你是個很現實的人，從來不幻想什麼，你覺得生活是靠自己的努力得來，付出多少就能獲得多少。你的性格比較保守，因此賺錢能力也一般，尤其是投機或是太新的行業投資都不適合你。

出生日期揭露破財指數

出生日期能夠知道你財運高低，當然也能揭示出你的破財指數，想知道你今年會不會破財，不妨測一測！

占卜方法：

（1）計算你的生命靈數還記得演算法嗎？將你的出生日期的數字相加，一直加到只剩個位數為止。比如1993年5月16日出生的人，那就是1＋9＋9＋3＋5＋1＋6＝34，3＋4＝7，那麼生命靈數就是7。

（2）計算你的信用卡靈數。和上面的演算法相同，將所有的數字相加，一直加到十以內個位數為止，所得到的數字就是信用卡靈

數。

（3）計算流年數。流年數與上面的靈數演算法相同。比如2009年，那麼流年數就是2＋0＋0＋9＝11，1＋1＝2，那麼流年數就是2。

（4）將你的生命靈數、信用卡靈數和流年數按照上面的方式相加，最後得到的數字就是你的破財指數了。

【解答】

破財指數1：你是個衝動型消費者，只要是自己喜歡的東西，不論要花費多少，都會千方百計收入囊中。就算你想要東西的價格明明在你的承受能力之外，你還是會想，錢可以再賺，可東西沒了就買不到了，於是衝動地把它買下，結果欠下一大筆的卡債，令你焦頭爛額。還是試著克制自己的購物慾吧！做個理性的消費者。

破財指數2：你最捨得花錢的地方就是吃喝了，只要是美食，花多少錢你也不覺得可惜，因為吃進肚子裡的是最划算的。而在其他方面，你就保守得多了，對於這些開銷你會考慮再三，非常節省。而這樣的性格同樣也反映在投資上，其實你算是個理財高手，但卻不會考慮那些高風險的投資項目，而總是選擇穩紮穩打的理財計畫。

破財指數3：你喜歡一切新鮮的東西，比如剛剛推出市面的新產品，就會讓你產生一定要擁有它的想法，毫不猶豫掏出錢包。喜新厭舊的性格讓你絕對不考慮自己的實際需要，大肆購買其實你已經擁有的同類型產品，於是家裡多了一大堆的東西，而你的卡費也成為了你最大的負擔，讓你不得不為當初的衝動負責。

破財指數4：你對於金錢的觀念非常的理性，花錢保守，很清楚自己能夠動用的金錢的底線，花得多一點都會讓你覺得不安。甚至你通常不會在身上攜帶太多的金錢，以避免衝動消費的可能，所以基本上不會有負債累累的可能啦！不過，如果遇到了保值或升值可能性高的東西，你會很捨得花錢。

破財指數5：你花錢毫無節制，從來不管自己有多大的購買力，只要想花的時候就毫不猶豫。而且你很要面子，又愛和人比較，只要別人都有的東西你就一定要有，甚至一定要比別人的好。買東西總是不甘落於人後，只要被別人一捧，就算是自己沒有用的東西也會爽快地買下，於是只好財去人安樂，苦水自己吞。

破財指數6：你是個非常理智的人，買東西時都是量力而為，就算是自己喜歡或需要的東西，你也不會輕易買下，而是會貨比三家，詳詳細細的比較價格、功能等方面，最後選擇物美價廉的那一個。這樣的你毫無衝動消費的可能，基本上是不可能產生經濟危機的。

破財指數7：你總是喜歡那些時尚高雅的東西，但偏偏這些東西都價值不菲，而且你的購物心理往往起伏不定，面對喜歡的東西，一時你會覺得非要擁有它不可，一時你又會理智的告訴自己其實你並不是那麼需要它，就這樣在買與不買中掙扎不定，不知道什麼時候就讓慾望戰勝了理智。所以，當你的購物慾再次興起的時候，多給自己一些考慮的時間，就可以避免買完後悔了。

破財指數8：你對喜歡的東西絕不放棄，就算暫時沒有能力購買，也會拼命地賺錢存錢，直到有能力將它收入囊中為止。只是人的慾望那麼多，想要的東西也太多了，所以有時候還是放鬆一點，不要對身外物念念不忘，這樣才不會存錢存的這麼辛苦，買不到時又心情沮喪。

破財指數9：你是個實用享樂主義者，對於自己想要的東西一向不會猶豫，而且你很容易被人群影響，本來沒有購物計畫，結果一看到大家都在拼命搶折扣之類的話，你也會毫不猶豫的衝進去大買特賣，於是不知不覺就花費不少。所以沒錢的時候你還是乖乖待在家裡，避免逛街時的衝動吧！另外少交些酒肉朋友也是控制開銷的好辦法，畢竟你太容易被人影響了。

最近有沒有飛來橫財

想知道財運很簡單，從錢包隨意拿出來的硬幣就可以反應你現在的經濟狀況，還可以知道最近該怎麼用錢喔！

占卜方法：

閉上眼睛，隨便拿出3枚硬幣來放在眼前，然後默想第一枚的是正面還是反面，第二枚的發行年分是奇數或偶數，第三枚是正面還是反面。

【解答】

正＋偶＋正：花錢有浪費傾向，小心把卡刷爆或超出預算。玩牌也沒有好運氣。

正＋奇＋正：父母會給你經濟支援，買東西有賺到了的感覺。抽籤的運氣也不錯。

反＋偶＋正：花錢會有物超所值的感覺。和朋友吃飯的話可能會慷慨買單。

反＋奇＋正：美食、衣服、配件是敗家三要素，花錢之前先想想有沒有那個價值。

正＋偶＋反：今天的眼光特別準確，所以很適合挑選首飾或美術品等高價品。

正＋奇＋反：最適合逛街，網上購物也不錯。但小心不要為了貪便宜而損失更多。

反＋偶＋反：節省為上策。不要和人有金錢糾紛。今天開始很適合存錢。

反＋奇＋反：好點子能幫你賺錢。交際費可能會超出預算。

你會欠下什麼債

佛家說人人到世界上都是來還債的，想知道你會欠什麼債嗎？在下面的五個數字中任意選擇一個。

A、132

B、664

C、658

D、552

E、612

【解答】

A、欠債指數40分

你欠的是錢債喔！不過幸好欠債指數不高，說明這個債務不會逼得你走投無路，最多只是讓你壓力更大而已。讓壓力促使你去努力，未嘗不是一件好事。

B、欠債指數20分

你欠的是工作債。手頭上的工作一直做不完，還不斷有新的工作交到你手上，讓你忙不過來。不過也不用太擔心，其實你需要的只是一點點時間而已。

C、欠債指數0分

恭喜，你什麼債都沒有欠。

D、欠債指數60分

你欠的是親情債。父母對你全心全意的付出，現在應該是你回報他們的時候了，好好努力，給父母溫暖而安定的生活吧！

E、欠債指數80分

你欠的是健康債。趕快看看自己是不是因為工作太忙忽略了健康問題，其實你的身體已經偷偷開始抗議了，為了自己的健康著想，快去看看醫生，讓自己放鬆一點囉！

最近的中獎運怎麼樣？

很多人都喜歡買彩券，希望有朝一日幸運能夠降臨到自己身上，但畢竟幸運的人永遠都是少數，不過，占卜一下最近的財運，能夠讓你的成功率更高。

占卜方法：

準備一至八的八張撲克牌，將牌洗好，依次一字排開，背面朝上放置。閉上眼睛，心中想著要中獎要中獎，然後睜開眼睛在面前的八張牌中任意選擇一張，這張牌就預示著你最近的中獎運如何。

【解答】

(1)牌面A

最近你的手氣正旺喔！基本上沒有失手的可能，搞不好頭獎就是你的了。這個時候不妨稍稍加大投注，就能增加你可能中獎的機會。不過要記得的是，一旦贏了就要見好就收，否則就得不償失了。

(2)牌面2

你總是期待著自己能夠中獎，就算它一直讓你失望，你還是會懷抱著希望繼續。你很難與大獎有緣，但因為你的堅持，不時小小的收入還是很有機會的，而且你很滿足於這樣的生活。

(3)牌面3

你的運氣時高時低，一會兒輕輕鬆鬆地贏了不少，一會兒又莫名其妙地輸了很多，若是能學會適時住手，贏錢之後立刻收手，那才是真正是落袋為安。另外，贏了錢最好是別借給別人，否則恐怕是有去無回。

(4)牌面4

最近的財運很差，投入多少就輸多少，總之是毫無贏面，所以最近還是安下心來做事好啦！等到財運再起的時候復出也不遲。

(5)牌面5

你贏過，也輸過，結果到頭來根本不知道自己是輸是贏，所以要獲得長久的收益，還是先整理一下自己過去的投入和產出情況，讓自己有個清晰的認識，這樣才不至於糊裡糊塗的輸了身家。

（6）牌面6

未來一週裡你的財運都很低，而且低到了谷底，就算再想搏一把，最好還是先克制自己的慾望吧！否則可能輸到生活都有問題，弄到負債累累就不划算了。

（7）牌面7

就是一點點的猶疑讓你和大獎擦身而過，可能就是你想挑卻偏偏沒有挑的號碼開出了大獎，讓你追悔莫及，選擇的時候不妨相信自己第一次的直覺，反正就算輸了也不會有太大的損失。

（8）牌面8

最近你的財運不佳，要中獎恐怕是很難了，不過也不必灰心，等到下週的時候，你的財運會開始提升喔！只要耐心一點，總是會有機會的。

清掃看你的理財指數

當你對家裡進行清掃時，你會先丟掉哪種沒用的東西呢？

A、舊衣服

B、過期的書報雜誌

C、零碎的小東西

D、體積過大的老電器

【解答】

A、雖然你賺錢的能力很強，可惜花錢的本事更強，因為你喜歡一切新鮮的事物，對已經屬於自己的東西又很容易厭倦，是個很會敗家的類型喔！

B、你從不亂花錢，總是量入為出，可惜你並不是善於賺錢的人，很少考慮如何開源。

C、你是個名副其實的理財大師，會不斷尋找好的理財方式，而且買東西之前都會認真考慮自己的需要才決定買不買，理財指數極高。

D、你是個衝動型的人，常常會購買些自己原本不需要的東西，偏偏又不善於開闢財源，所以讓人來幫你管帳比較好。

04

愛不愛，誰說了算——

我是愛情大贏家

喜歡的男生什麼時候出現

想知道妳喜歡的男生什麼時候出現嗎？妳的出生日已經決定了喔！還記得生日靈數的演算法嗎？不記得的話就去溫習一下吧！

【解答】

（1）生日靈數1。

妳喜歡的人會出現在10、15、17歲的時候，17歲時的相遇會影響妳的命運。結婚運在19～21歲最高。相遇機會多的月分是1、2、6月。

（2）生日靈數2。

11、13、16歲的時候會遇到喜歡的人。結婚運在25～27歲最高。相遇機會多的月分是2、4、11月。

（3）生日靈數3。

妳喜歡的人會出現在10、14、17歲的時候。22歲時的戀愛會很激烈，結婚運在24～27歲最高。相遇機會多的月分是3、8、12月。

（4）生日靈數4。

妳喜歡的人會出現在13、16、18歲的時候。結婚運在25歲左右最高，此後就是32～34歲左右。相遇機會多的月分是4、7、9月。

（5）生日靈數5。

妳喜歡的人會出現在12、14、19歲時。結婚運在22～25歲最高，之後在31歲時也很好。相遇機會多的月分在5、8、10月。

（6）生日靈數6。

12、15、18歲的時候會遇到喜歡的人。結婚運在21～24歲最高，此後是30歲。相遇機會多的月分是在3、6、12月。

（7）生日靈數7。

妳喜歡的人會出現在10、14、18歲。結婚運在20～23歲最高，此後則要等到30或31歲。相遇機會多的月分是4、7、8月。

（8）生日靈數8。

妳喜歡的人會在11、13、17歲時出現。結婚運在19～22歲最高，但錯過的話就得到28或29歲的時候了。相遇的機會多的月分是2、8、9月。

（9）生日靈數9。

喜歡的人在12、13、15歲時會出現。結婚運在25～27歲以及29歲最高。相遇機會多的月分是3、9、12月。

占卜你的下一段感情

每個人都對愛情充滿了憧憬，都想知道對方會是什麼樣的人。如果夢中人還沒有出現的話，就從撲克牌中開啟愛的密碼吧！

占卜方法：

（1）準備撲克牌一副。

（2）將整副牌打亂、洗好。按照你的年齡數洗牌，也就是如果你20歲的話就洗20次。而且必須是被測算者本人洗牌，也就是說如果你是為別人測算的話，需要讓他親自洗牌。

（3）開始翻牌。每次取出位於最上面的兩張牌，將第二張蓋於第一張之上；再從整副撲克的最下面取一張牌，放在取出的三張牌的最上面，然後把三張牌一起翻開，放在桌上，看最上面的那張牌是什麼牌。如果這張牌是大鬼或者小鬼，就把它拿出來，然後按照上面的方法繼續翻牌，要依次翻出2、3直到K，最後則是A。

（4）如果第一次沒有完全翻完的話，就將剩下的撲克牌重新拿起來，記得不要打亂了順序，按照上面的方法翻牌，直到將從2到A的牌都拿出來為止。

（5）記住你重複翻了幾次牌才將所有的撲克牌數字都找出，這就表示你這段戀情出現在幾年之後喔！

【解答】

撲克牌所代表的意義：大鬼代表男性，小鬼代表女性。先翻出的是哪一張，就代表是誰主動追誰，也就是大鬼代表著對方主動追求你，小鬼則代表著你會主動追求對方。

2：代表相貌。

3：代表身高。

4：代表家世。

5：代表學歷。

6：責任心強不強。

7：人緣好不好。

8：吸菸與否。

9：是否酒鬼。

10：事業如何，會不會賺錢。

J：是否花心。

Q：你的父母是否同意。

K：他的父母是否同意。

A：你們的感情能不能修成正果。

在花色上，紅心、方塊、梅花、黑桃依次代表好的程度從高到低。比如說2，如果紅心2就說明相貌非常出色，方塊2則是長得還不錯，梅花2就是長相普通，而黑桃2的話，說明他長得不好看啦！

不過也有例外，比如「J」的意義就是相反的，翻到紅心J表示極其花心，而黑桃J就說明他非常專一了。

另外「Q」和「K」的話，紅色表示同意，黑色則表示不同意。「A」紅色表示成功，黑色表示不成功。

十二星座喜歡的戀人類型

【解答】

（1）牡羊座。

牡羊座追求的是征服的快感，喜歡的戀人往往都是那種具有神祕感的異性，對方越是神祕，越能挑起他們的好勝心，而且對方越是不理牡羊座，他們就越覺得對方吸引，所以欲擒故縱的手段對白羊最是有效。可是一旦被爭取到手，失去了新鮮感，他們就會失去興趣，而開始轉向下一個目標。牡羊男最喜歡性格活潑的小女生，長相不一定出色，但身材一定要好，有女人味又會撒嬌，才能充分滿足白羊大男子主義的心理。牡羊女喜歡談吐爽快有英雄氣概的男人，最討厭猶猶豫豫對自己糾纏不休的小男人。

(2) 金牛座。

金牛座看似堅強，但其實有顆脆弱易感的心，根本承受不起感情失敗的打擊，所以只有誠實穩重的老實人，能夠付出誠意的愛情才最符合金牛座的真正需要。可惜金牛座很容易被那些情場老手吸引，往往要在受傷之後才知道自己要的是什麼。金牛男是典型的外貌協會，最看重對方長相，不夠漂亮的完全無法吸引他們，當然，如果燒得一手好菜，也是吸引金牛男的好辦法。金牛女很現實，很看重對方的經濟基礎，要能夠給她安全感才行。

(3) 雙子座。

能夠引起雙子座興趣的必然是聰明機靈的人，只有腦筋動得快、嘴巴動得更快，又有一技之長的異性，才夠資格吸引雙子的興趣，如果能力不如雙子，不夠聰明，那雙子座是不看在眼裡的。肉體上的吸引並不是雙子座所追求的，只有知性的交流才是他們的興趣所在。雙子男最需要的是能夠傾訴的對象，最重要是能乖乖聽他海闊天空胡說八道不翻臉。雙子女中意的人必須夠伶俐，在她們需要的時候出現，陪著聊天逛街也不抱怨，不需要的時候立刻消失也沒怨言。

(4) 巨蟹座。

巨蟹座的戀愛總是以結婚為目的的。能夠令他心動的必須是一個體貼的聆聽者，擁有無限的耐心，能夠忍受他們的嘮叨，提供溫柔的安慰，這樣就能給他們足夠的安全感，而巨蟹座也會用全心全意的愛來回報對方。巨蟹男的目標是那種傳統的好女人，個性賢慧又會做家事。巨蟹女特別喜歡身材強壯、個性陽光的男生，因為她們沒什麼安全感，所以需要可以依靠的強壯胸膛。

（5）獅子座。

獅子座的戀人應該是有積極愛情態度、開朗、自信又熱情的異性，對獅子座來說，戀愛一定是一起開開心心，而絕不能有負面的情緒。自卑的異性獅子座是絕對瞧不起的。獅子男重面子，選擇戀人也會優先考慮長相，其次就是看對方有沒有什麼讓他們動心的特長。獅子女對自己的一切都非常有信心，所以最討厭沒自信的人，只有自信的大男人才能令她們折服。

（6）處女座。

處女座一向都很挑剔，而挑選戀人的時候就會更挑剔了。無論對方有多優秀，處女座還是會不斷地去想對方有什麼缺點，結果總是能挑出一點不合意的地方，於是挑來揀去，不是最後將就找了一個，就只能感嘆自己愛情不如意了。處女男也許不一定很挑剔，但絕對會很囉嗦，所以只有文靜又有點沉默的女生適合他。處女女想要的完美戀人在這個世界上根本就不存在，所以只能委屈自己遷就現在的男友了。

（7）天秤座。

天秤座一向比較懶散閒適，對自己的愛情似乎也不是很在意的樣子，其實，沒有了愛情的天秤根本連一天都過不下去，只是他們向來很高的眼光和謹慎的態度，不會輕易陷入愛情罷了。會讓天秤座喜歡的人，必須有出眾的外表和非凡的內涵才行。天秤男喜歡的女生通常身材纖細又有氣質，也就是所謂的古典美人。天秤女喜歡用時間來考驗戀人的忠誠度，所以有耐性又有主見的男生才會吸引她們的眼光。

（8）天蠍座。

雖然天蠍座狂傲自信，但同樣驕傲的人卻不會讓他們喜歡，只有舉止有禮、脾氣溫和的人才能勾起天蠍座的好感。天蠍男喜歡性格溫柔又堅強的女生，雖然看起來矛盾，但對方如果神經不夠強韌，哪裡能經得起他們如火山爆發般的熱情呢？而對天蠍女而言，性格陽光有一點點囂張的男生最受她們的青睞。

（9）射手座。

射手是天生的粗線條，但偏偏他們的戀人多半是那些有點害羞的人，大概是因為對方的羞澀神情勾起了他們憐愛加想要惡作劇的神經。不過射手座可從來都不是忠實的戀人，因為冒險才是他們的最愛，而戀愛也是一場冒險，需要不斷追求新的刺激。射手男對戀人唯一的要求，就是女生絕對不可以限制他們的自由，盤問他們行蹤更是大忌，絕對分手收場。射手女對於戀人的要求更像玩伴，最重要是大家玩得開心。

（10）魔羯座。

魔羯座從來都不重視外貌，他們看重的是內在的修養，能夠吸引魔羯座的人，一定是勤奮耐勞、精明能幹、努力上進的人。不過魔羯座是很難有勇氣主動表達愛意的喔！如果受到挫折，他們就會將精力轉到工作上去，一心為事業打拼。魔羯男非常要強，喜歡聽話的女生，他一定要在家中佔據領導地位才行。魔羯女的戀人就是她們終生的依靠，所以個性堅強又有前途的男生才是她們的目標。

（11）水瓶座。

水瓶座喜歡交朋友，和什麼樣的人都能打成一片，而如果在知己中能有讓他心動的人，那就是他的戀人了。對水瓶座來說，只有能夠認同他們思維方式的異性知己，才值得他們去愛。水瓶男最喜歡親切如朋友的女生，大家先從朋友開始互相瞭解，這樣的愛情才長久。水瓶女喜歡知識豐富，能夠和她們辯論的男生，先讓她欣賞才有可能心動喔！

（12）雙魚座。

雙魚座個性隨意，除了對愛情有強烈的慾望之外，對於其他的事情都沒有太大的責任感。感情上雙魚座不會太過積極，但卻會被豁達開朗的異性吸引。他們樂於幻想，喜歡編織一切關於愛情的美夢，他們不追求物質享受，也很樂意為自己所愛的人犧牲。雙魚男比較沒有安全感，希望對方是個可以依靠的獨立的人，因此個性開朗有點像男生的女生反而會特別吸引他們。雙魚女理想中的戀人則一定要夠浪漫才行。

洗牌占卜愛情運程

占卜方法：

（1）把撲克牌中的鬼牌、所有花色的A、J、Q、K拿掉，然後把所有花色的2或6拿掉其一，此時會剩下36張牌。

（2）將牌洗勻，正面朝下，一邊想著他，一邊取出最上面的兩張牌，若是同色牌便拿掉，若是異色的就留下。

（3）將牌翻完後，再將剩下的異色牌洗勻，重複上面的動作，一共翻三次牌，最後看剩下的牌。

【解答】

如果牌越少，表示你們之間越順利，而牌剩得越多，則表示兩人之間的障礙越多。

做家事看你會不會出軌

如果讓你可以一輩子只做一件家事，你會選擇：

A、洗碗。

B、做飯。

C、拖地。

D、倒垃圾。

【解答】

A、有賊心沒賊膽。

B、結婚後對對方很忠誠，做事有責任心，是個好伴侶。

C、很想越軌，但卻被腦中的道德觀念束縛，不會亂來。

D、結婚後還在外面亂搞。

你將會遇到幾段感情

在下面五個字中，用直覺選出一個字。

A、愛。

B、情。

C、限。

D、時。

E、批。

【解答】

A、超過八次的心動感覺。

「愛」字和「受」字很相似，受表示接受，也就是說你的身邊有不少的追求者，而你只要想戀愛，就能夠輕鬆獲得一份感情。但你的感覺來得快去得也快，所以感情經歷會比較豐富。

B、三至五段癡狂的戀愛。

「情」字以心為偏旁，可見你是個堅持自己想法的人，對愛執著認真，你心中的愛情是不能被玷污的高貴感情，所以你是個可以為愛癡狂的人。

C、穩定而長久的單一情感。

「限」字中的「艮」是高山險阻之意，表示你的愛情中阻滯頗多，既然是高山，也就表示你對這份感情非常的堅持，有如大山之穩固，但這也會阻礙你坦白的表達自己的情感，所以不妨改變一下自己的方式，才能獲得你渴望的愛情。

D、桃花多多。

「時」字以「日」為偏旁，以「寸」字收筆，說明你的感情大多短暫而豐富，桃花運不斷。

E、四場感情風暴。

「批」字有「手」和「比」，「手」說明你的感情需要依靠你自己的雙手贏取，「比」則表示你的感情世界中會出現對手喔！所以每一場戀愛對你來說都像一場戰爭，需要你全心的付出去爭取。

你的另一半會和你同甘共苦嗎？

你的另一半是和你一起打拼天下的那種人，還是只能共同享樂，大難臨頭各自飛那種呢？想知道他會不會和你同甘共苦，那就憑直覺在6張塔羅牌中選出一張來吧！

A

B

C

D

E

F

【解答】

A、愚者——同甘共苦指數：20%

你的另一半是個無可救藥的樂天派，堅信「船到橋頭自然直」、「天塌下來都有高個頂著」，他會帶給你許多的快樂，和你分享生活中的樂趣，但是……如果遇到難題的話，還是不用指望他（她）了。

B、審判——同甘共苦指數：99%

恭喜你了，你與你的另一半或許已經經歷過許多的波折與坎坷，但你們卻克服了一切的阻礙，到今天仍然在一起，所以，今後不論有什麼樣的風風雨雨也拆散不了你們的，相信你的另一半會陪著你經歷一切的。

C、月亮——同甘共苦指數：60%

你的他（她）是個敏感多情的人，平日的他（她）會非常細心的照顧你、呵護你，但是如果你沒有遵照他（她）的囑咐照顧好自己，或是遭遇什麼意外的話，他（她）只會一個勁的嘮叨你喔！

D、死神——同甘共苦指數：40%

如果你和你的另一半對未來有共識的話，那麼也許你們還會共同度過生活中的風風雨雨；但若是你們對未來的想法不一樣的話，那麼就別指望他（她）會和你同甘共苦了吧！

E、高塔——同甘共苦指數：0%

你是個不輕易改變的人，所以當你還在堅持自己的時候，你的另一半早就因為受夠了你的執著和無趣，一走了之了，同甘共苦？還是另找一個吧！

F、星星——同甘共苦指數：80%

你無疑是幸運的，你的另一半聰明睿智，而且心胸開闊，勇於面對一切挑戰，是攜手共創未來的最佳伴侶，也是同享幸福生活的親密愛人，能夠得到他（她），夫復何求。

刺青占卜你的奪愛指數

如果你愛上的人早已經有了另一半，你是會放棄還是努力爭取呢？占卜一下就知道啦！

如果讓你在臀部刺青，那麼你會選擇以下哪個圖樣：

A、宗教的符號。

B、花草蝴蝶類。

C、圖騰類。

D、姓名。

【解答】

A、奪愛指數：40%

你平常很講究道德規範，可是一旦遇到和你心靈相通的伴侶，你就會把這些丟到腦後，立刻採取行動。你很有可能會跟人家談那種忘年之愛，而且不會被情敵發現！

B、奪愛指數：60%

你覺得感情是順其自然的事情，強求不來，所以如果你愛上的人已有另一半，你還是會坦然表達愛意，覺得大家公平競爭才對。

C、奪愛指數：20%

你是個很重義氣的人，當然也就不願成為插足別人的第三者了。除非你真的覺得這兩個人在一起超級不合，否則寧願把自己的愛意隱藏在心底。

D、奪愛指數：80%

你一向自信滿滿，覺得自己很優秀，加上個性衝動，因此很容易就踏入別人的感情生活，最容易奪人所愛。

刷牙方式看你的愛情

為什麼你很難獲得愛情，或者好容易戀愛卻又充滿坎坷，如果你也有這樣的疑惑，那是因為你在愛情這所大學中偏科嚴重，想知道你的缺陷在哪方面嗎？刷牙的方式可以告訴你！

占卜方法：

每天刷牙的時候注意一下，你的視線大多數時候是往哪一個方向？

A：漫不經心地盯著鏡子中的自己。

B：抬起頭刷牙，眼睛向上看。

C：低著頭刷，眼睛向下看。

D：邊刷邊往兩邊張望。

【解答】

A、理性主義者。

你是個理性的人，做事講求原則，對於愛情也是一樣，有著傳統的看法。戀愛時你總是按部就班，少有瘋狂的舉動，雖然這樣能夠證明你的正直，但你的沉穩在戀人的眼中卻是愛得不夠深的代名詞，太過理性的表現會讓他誤以為你們只是普通朋友，也會讓戀人感覺你缺乏生活情趣，不妨盲目一點、衝動一點，會讓你們的感情更快升溫。

B、不善溝通。

戀愛中的你太過重視自我感覺，卻忘記了要為對方著想，久而久之，因為溝通不善而導致你們之間漸漸疏遠。記住，愛情不是一個人的事，學會和情人溝通，能讓你們感情更融洽，相處更愉快！

C、溫柔順從。

你個性溫柔謙讓，為了讓對方開心可以委屈自己，一旦戀愛就全心投入，無條件接受對方的擺佈。你全心的奉獻，但對方卻不一定領情呢！要知道男人可不是只喜歡順從的女人，有時候有主見一點、辣一點，可能讓他更著迷。

D、愛情空想家。

你對於美好的愛情充滿憧憬，無數次的幻想過自己的感情生活，可是一旦真正的愛情來臨的時候，你又猶豫了，總是怕這怕那，在愛的邊緣徘徊，不敢踏出第一步，於是感情生活始終是空白。拿出勇氣來表白吧！走出第一步之後你會發現，去享受真正的愛情才是最幸福的。

你在他（她）心目中排第幾位

占卜方法：

（1）準備一副撲克牌，留下去掉大小鬼的52張。將黑桃A拿出來放在一邊。

（2）計算你和對方名字的筆劃數，把數字相加，然後按照這個數字的次數洗牌，比如你們的筆劃數之和為47，那就洗47次牌。

（3）開始派牌，將所有的牌從左到右、正面朝上的一張張放到桌上，當放到第七張的時候就換行，繼續派牌，一直到紅心A出現為止。

（4）看桌上所有的牌，如果一張牌的周圍出現了相同數字的牌，就將兩張牌都拿走，這個周圍包括了上下左右以及左上左下右上右下的牌，上下排列的話，如果隔一行有相同的牌也可以拿走。

【解答】

紅心A表示你自己，而剩下多少張牌則表示在他心目中你排多少位了，每一張牌都表示他心目中的一個人。梅花和黑桃都表示那個人是男性，比如好友、家人之類；紅心表示他喜歡的人（但不是你哦），方塊則代表女性的好友。

妳欣賞哪種異性

從以下的字中選一個字，它會告訴妳容易和哪類異性來電。

A、周。　B、星。

C、主。　D、董。

E、播。

【解答】

A、妳容易對踏實居家型的男人有好感。且周字以吉字收尾，妳的他能夠給妳帶來安定和好運。

B、星字以日字為頭，象徵可以依靠的陽剛之氣。妳希望自己是能被保護的小女人，所以妳的他應該是個可以讓妳依賴的強者。

C、主字當中有個霸氣十足的王字，所以妳喜歡的應該是有點大男人主義、獨立自信的男人。

D、董字以草部起筆，有花花草草之意，表示他有著吸引人的外形。所以妳容易喜歡上外形帥氣的男人，長相是吸引妳的首要條件。

E、播字中的提手表示動手能力，右邊有田字，寓意寬廣的土地，所以妳喜歡的是一個體貼溫柔、懂得照顧人的好男人。

你容易得到愛情嗎？

每個人都渴望愛情，但偏偏有些人桃花不斷，有些人卻只能暗自神傷，想知道愛情對你來說是唾手可得，還是需要你傷筋動骨的話，先問問自己吧！

（1）你覺得自己悶騷嗎？

是——Q3

否——Q5

（2）就算可以在超市和路邊攤買到同樣價錢、同樣品質的東西，你還是會選擇在超市買？

是——A

否——Q6

（3）你認為胖沒關係，只要胖在看不出來的地方就行。

是——Q8

否——Q6

（4）不拖到最後一分鐘，不會開始你必須要做的事。

是——Q10

否——Q9

（5）如果連續劇中有某一集沒看到，就會不想再看下去。

是——Q4

否——Q8

（6）對所有小動物都敬謝不敏。

是——Q12

否——B

（7）跟異性同事（同學）無法走得很近。

是——Q11

否——Q16

（8）喜歡逛購物網站。

是——Q9

否——Q13

（9）聽到好笑的笑話，一定要說給很多人聽。

是——Q7

否——Q13

（10）總是被八卦圍繞。

是——Q14

否——Q18

（11）買衣服喜歡買成套的。

是——Q2

否——Q7

（12）愛睡覺，只要沒睡飽就脾氣很大。

是——Q17

否——Q10

（13）即使不是因為工作，每天也會花一小時以上看報。

是——Q19

否——Q12

（14）只要有人在身旁講話，就無法專心做事。

是——Q9

否——Q13

（15）不會開車，也沒興趣學。

是——Q21

否——Q17

（16）家裡一定會擺自己和戀人的合照。

是——Q15

否——Q18

（17）不論任何情況，只要必須加班就會不爽。

是——A

否——C

（18）不吃的食物可以在3分鐘內列出超過10種。

是——Q21

否——B

（19）絕不買仿冒的名牌貨。

是——Q15

否——D

（20）有空就會自己下廚。

是——C

否——Q16

（21）對沒有好感的異性一樣表現得親切友好。

是——D

否——C

【解答】

A型：見光死。

你的約會也許並不少，可是卻常常被人家說「謝謝，再聯絡！」之類的話，追根究底，你有點任性又不夠體貼，雖然初見面的時候會給人好印象，但慢慢交往下去，卻會讓人想要掉頭離開。所以，改改你的壞脾氣吧！好好珍惜眼前人才是正經。

B型：內在美。

你不是那種第一眼就能吸引人的類型，但和你相處久了，就能感受到你的親切體貼，讓人深深的為你著迷。可惜你太過自矜，所以很多人都會看走眼，擦身而過，而只有那些獨具慧眼、成熟穩重的人才能看出你是多麼珍貴。如果還是感情的真空期的話，不妨讓自己主動一點，換個髮型或是化個妝之類的，適當展現一下自己的魅力會讓你更具吸引力。

C型：常勝將軍。

你做事認真努力，開朗活潑，和人往來時又放得開，很容易吸引對方的注意，也具有充分贏得對方的心的能力，所以在愛情的戰場上百戰百勝。只是如果能夠謙虛一點的話，會讓你更有魅力，也能避免別人的嫉妒。

D型：萬人迷。

你是那麼討人喜歡，所以每個人都喜歡你，可是你又太善良，總是不懂得拒絕別人，所以你這種人，說好聽點是個萬人迷；說得不好聽就是來者不拒。要記得什麼都選其實就是沒有選，有時候還是應該學會拒絕不愛的人，這樣其實對雙方都有好處，也能讓真正適合你的人浮出水面。

十二星座愛情占卜

【解答】

（1）牡羊座。

女性：衝動而早熟的牡羊女，在年輕的20歲左右很容易產生一見鍾情的愛情，並迅速陷入熱戀，閃電結婚，做個年輕的新娘。但是，隨著年齡和見識的增加，牡羊女看男性的眼光會越來越挑剔，因此在25歲到30歲這段時間內，反而不容易定下來。到了30歲之後，妳會清楚明白自己想要的他是誰，一旦遇見命中註定的另一半，就會安定下來。

男性：牡羊座不論男女都有著衝動熱情的個性，因此牡羊男也是容易早婚的一族，但是，過了20多歲的年齡之後，牡羊男會將大部分精力都放在事業上，直到30多歲之後，才會因看到周圍的人紛紛結婚、生子而產生成家的念頭，迅速的結婚成家。

（2）金牛座。

女性：理性的金牛在感情上也是很有理性的喔！因此金牛女一般情況下都會在適婚年齡時結婚，也就是23歲到29歲這段時間內，她們多半都會為自己規劃一個幸福的婚姻生活。

男性：金牛男個性謹慎，對於婚姻多抱著慎重的態度，而年輕時候他們多半會把精力放在學業和工作上，因此多在30歲之後結婚，而且金牛男很多都是相親結婚的喔！

（3）雙子座。

女性：很有異性緣的雙子女，婚姻狀況有早婚和晚婚兩種。早婚的人另一半多是學生時代就交往的男友，有了穩定的基礎後，早早就踏入了婚姻的殿堂；而晚婚派則會將青春用來享受單身貴族的自由生活，直到30歲左右才會結婚。

男性：雙子男在工作三到五年之後會產生強烈的結婚願望，但是到30歲之後，卻會覺得單身生活更自在。

（4）巨蟹座。

女性：保守而沉穩的巨蟹女，一向是將溫馨家庭做為人生的最大目標的，因此20多歲就結婚的巨蟹女是很多的。但如果過了30歲，巨蟹女的結婚運會下降，反而事業運上升。如果30歲時還沒有結婚，那過了40歲之後對婚姻的嚮往也會漸漸消失，成為不婚一族。

男性：珍惜家庭的巨蟹男在25歲到27歲的時候會有強烈的結婚的嚮往，也極有機會遇見自己的另一半，但如果過了這段時間，巨蟹會將興趣轉到事業或者其他的興趣上，到35歲之後才會有旺盛的結婚運。

（5）獅子座。

女性：熱情的獅子女是個戀愛女王，小小年紀就會有許多的戀愛經驗，因此20歲左右的獅子女會有很多的結婚機會喔！但是到了23歲到27歲，獅子女會將熱情和興趣轉到事業和娛樂上，結婚運也下降。直到30歲時，獅子女的結婚運才會重新上升，如果抓住機會，就會有幸福的婚姻生活。

男性：獅子男和獅子女一樣，從年輕起就有了許多的戀愛故事。但有著旺盛事業心的獅子男會將年輕時的精力都放在事業上，希望能夠事業有成，因此獅子男結婚多在32歲到35歲時，而且多半會選擇年輕女孩結婚。

（6）處女座。

女性：充滿女人味又溫柔的處女女很容易吸引異性的愛慕，在20歲時就會獲得很多的求婚，22歲到24歲是結婚運的最高峰；過了這個年紀之後，處女女會因為成熟而有著更挑剔的眼光，更審慎的選擇異性，直到33歲到36歲結婚運才會再度上升。

男性：挑剔的處女男如果在工作三年之內沒有結婚的話，恐怕就會有很長一段時間的單身生涯了，一直要到30多歲之後，才會開始認真尋找自己的另一半。

（7）天秤座。

女性：30歲之前都是天秤女的桃花運時期，特別是在成熟與青春並存的25歲左右，更是會吸引眾多男性的目光，是結婚的好時機。但過了30歲之後結婚運會逐漸下降，如果想有一段美滿的姻緣，就在20多歲之時把自己嫁出去吧！

男性：比起婚姻來，天秤男更重視戀愛，所以要天秤男產生結婚的想法，估計要等到他厭倦了遊戲人間之後的30多歲才會考慮這個問題。當然，會有很少數的天秤男會因為office戀情在25歲左右結婚。

（8）天蠍座。

女性：個性獨立的天蠍女並沒有特別的適婚年齡，只要找到真心相愛的另一半，就會毫不猶豫的步入婚姻。當然，天蠍女結婚運最好的時候是25歲之前和35歲左右，只要戀愛就會迅速的結婚。

男性：天蠍男會以自己的方式尋找戀人，一般在27歲到30歲以及40歲前後比較有成家的願望。如果是學生時代的女友，那麼25歲之後就會結婚。

（9）射手座。

女性：射手女早熟且好動，所以令人意外的結婚者很多。22歲到24歲是射手女的第一個結婚高峰期，之後因為生活種種有趣的吸引，射手女對婚姻也就不那麼在意了，直到30歲到40歲的時候，才是第二次的結婚好時機。

男性：射手男沒有很確定的結婚時間，因為他們向來不在乎別人的看法，而只依自己的喜好行動。30歲之前的射手男更喜歡享受戀愛，而不是婚姻，而他們最好的結婚期在24歲到28歲及35歲左右。

（10）魔羯座。

女性：魔羯女會是截然不同的兩種人，要不是賢妻良母，要不就是職業女強人，所以魔羯女的結婚運也有兩種，賢妻良母型的魔羯女會在最適合結婚的25歲左右成婚，而事業女性則會奠定了事業基礎之後才考慮婚姻，因此結婚運多半會在35歲左右才到來，甚至會延遲到40歲。

男性：負有責任感的魔羯男認為必須有良好的事業基礎之後才能考慮婚姻，因此除非是對方強烈要求早婚，他們多半會在事業有了一定基礎的33歲到37歲時計畫結婚。

（11）水瓶座。

女性：不願意被束縛的水瓶座，結婚運在22歲前後及30歲前最旺，如此時有合意的人，則很有可能結婚，再次的結婚運會在37歲到40歲時來臨。20幾歲時的水瓶女對結婚會抱著敬而遠之的態度。

男性：35歲前後的水瓶男結婚慾望會上升。如果有學生時代的女友，那24歲到27歲時有可能成家，而20歲的其他時段和40歲以後，興趣將會轉移，根本沒有成家的念頭。

（12）雙魚座。

女性：充滿夢想的雙魚女結婚運很早就會降臨喔！20歲到22歲，25歲到27歲都會有幸福的婚姻出現，但是要注意的是，一旦過了29歲，結婚運就會下降，若想順利結婚，最好是在29歲之前把自己嫁出去喔！

男性：雙魚男同樣是早婚型，23歲到30歲是成婚的高峰期，尤其是24歲和28歲，結婚的雙魚男尤其多。但過了30歲以後，雙魚男可能會覺得結婚很麻煩。

化妝看妳的感情態度

愛美是女人的天性，化妝也是不少女人每天出門前必不可少的一道程序，但妳知道嗎？妳無意中的化妝順序其實正暗示著妳的愛情呢！而對男性而言，他所欣賞的那個部分，也可以看出他欣賞哪類女性。

占卜方法：

化妝的時候妳喜歡將重點放在那個部位呢？如果是男性，那你會先注意女性哪部分的化妝？

A、眼睛

B、嘴唇

C、兩頰

D、指甲

【解答】

A、眼睛。

女性：妳開朗自信，為人樂觀，做事又爽快，總是充滿著陽光般的笑容，非常討人喜歡。戀愛中妳是獨立型的戀人，但對情人的要求也高，妳看不起沒用的男人，希望自己的男友有一定的成就，可多穿顏色鮮豔的衣服，如橙色、桃紅色等，化妝大膽一點也無妨。

男性：你會喜歡活潑爽快的女孩，牡羊座、獅子座、射手座最適合。

B、嘴唇。

女性：妳善解人意，心思細密，性感又溫柔，但同時也多愁善感，較為情緒化。妳很看重愛情，戀愛時會非常投入，全心全意為對方付出，但同時妳也希望對方能夠溫柔體貼，分享妳的心情。妳適合穿那些女性化的衣服，如雪紡、絲質的，化妝方面，紫色系列較適合妳。

男性：你喜歡溫柔且有女人味、小鳥依人般的女孩，巨蟹座、天蠍座、雙魚座最適合。

C、兩頰。

女性：妳性格踏實上進，做事認真，而且很有毅力，會為自己的目標不斷努力。妳對於感情非常認真，渴望天長地久的愛情，絕不會抱著玩玩的心態戀愛，一旦拍拖，妳就希望跟對方建立家庭。妳適合那些成熟、大方的服飾，化妝方面，淺色系比較適合妳。

男性：你喜歡成熟含蓄、不太花俏的的女性，金牛座、魔羯座、處女座最適合。

D、指甲。

女性：妳活潑好動，聰明伶俐，總是充滿了好奇心，什麼都想學，什麼都想嘗試。對於愛情，妳總是追求新鮮感，如果對方不能常給妳新鮮好玩的感覺，妳很快就會厭倦，又或一腳踏幾船。服飾方面可穿一些較中性的衣服，會顯得妳更有型、瀟灑，化妝方面，粉色系列最適合妳。

男性：你喜歡聰明、能溝通的女性，可以做情人，也可以是知己，天秤座、雙子座、水瓶座最適合。

一個字看他是否真心

從下面的四個字中任意選擇一個，看看他對你是真心實意還是抱著玩玩的態度。

A、吸

B、引

C、誘

D、惑

【解答】

A、「吸」就是「口頭敷衍、未及真意」。這個字說明對方只是「口」頭上說說，沒到真心，你要當心了。

B、「引」就是「彎弓射箭、正中紅心」。既然是正中目標，說明他是認真的。

C、「誘」就是「言真語誠、繡球高懸」。他的言語中以中繡球為目標，也就是說他的目的是結婚，可見他是認真的。

D、「惑」就是「或許變心、不必負責」。雖然有心，但卻無法肯定他的心會往那邊走，所以要小心他是玩玩的。

漢字測你最近的感情運

隨意拿身邊的一本書，任意翻開一頁，然後隨手指出一個漢字，數數它的筆劃有多少，就可以知道你最近的感情會有什麼樣的發展了。

A、0～14劃

B、15～28劃

C、29～42劃

D、43～56劃

【解答】

A：桃花旺盛。

現在正是你感情運大旺的時候，如果你還沒有戀人，那麼你很有可能在短時間內找到一位意中人；如果已經有另一半的話，你們的感情也會更進一步。

B：出現分歧。

沒有戀人的你最近可能不會遇到合適的人，但不必急，理想的對象總是會出現的；如果已有戀人，那要小心會因為小事而造成分歧，與對方爭執，雖然最後會冰釋前嫌，但這樣的爭吵還是不要發生的好。

C：起伏不定。

沒有戀人的你，想想是不是因為自身的性格和處事方式而讓自己至今單身呢？不如嘗試改變自己的性格吧！已有戀人的你，則要小心因性格問題與對方爭吵，導致感情出現危機。

D：小心為上。

最近的你並不是感情運來臨的時候，沒有戀人的話，不妨耐心的等待；有戀人的話，對你的感情要小心呵護，因為你很有可能因為小事導致爭吵，甚至不可挽回的裂痕。

你的情敵是什麼樣的人

忽然感覺到你的戀情中多了一個人的影子，可是你暗戀的人卻始終沒有向你表示好感，於是讓你覺得是不是有另外一個人的存在，想不想知道你究竟有沒有情敵，而情敵又是什麼樣的呢？

占卜方法：

準備一副撲克牌，只留下四張A以及各種花色從7到K總共32張牌；洗好牌，從牌中抽取七張從左至右依次排列；翻開自左邊數到的第一、四、七張牌，就能知道你所問的情況了。

【解答】

如果三張牌中沒有黑桃的話，那麼你根本沒有情敵，放心大膽的去愛吧！

如果有三張黑桃，哎！看來你眼光很好，喜歡的人也有很多人中意喔！情敵滿天下，你還是省省力氣吧！

如果是一或兩張黑桃，那麼從數字中可以知道對方是什麼樣的人：

黑桃A——有成就而聰明的人。

黑桃7——長相出眾。

黑桃8——風頭很足的人。

黑桃9——有錢人。

黑桃10——偶遇者。

黑桃J——年幼的人。

黑桃Q——年長的人。

黑桃K——比你高的人。

情人節巧克力的愛情寓意

巧克力已經成為了情人間最必不可少的禮物之一，可是，送不同的巧克力會有不同的內在意義呢！也許你在選擇巧克力的時候只是隨意挑選，但實際上卻能反映你潛意識中的某些想法，比如你對戀人的看法以及期望；同樣的，你的戀人送你什麼樣的巧克力，也可以反映出你在情人心目中的位置。

下面的巧克力中，哪一種是你會優先送給戀人的，或者是你的戀人會選擇送給你的呢？

A、牛奶巧克力

B、黑苦巧克力

C、白巧克力

D、果仁巧克力

E、薄荷巧克力

F、酒心巧克力

【解答】

A、牛奶巧克力。

你對戀人：你覺得戀人純真乖巧，彷彿孩子一樣天真，雖然很珍惜對方，但覺得對方有時太過稚氣，缺少了一份征服的滿足感。這段情少了一份反動的張力，隨時有被甩掉的危機，要好自為之。

戀人對你：戀人覺得你是可愛的小公主或小王子，很想保護你，不過要小心長此以往，被對方呵護太過的你失去了獨立生活的能力。

B、黑苦巧克力。

你對戀人：你覺得戀人刻苦耐勞，做事踏實，而且個性獨立，有主見，是可以依靠的終生伴侶，你很珍惜對方，希望兩人能夠互相幫助，互相依靠，成為終生的伴侶。

戀人對你：對方認為你很神祕，覺得你有著豐富的過去，幻想你的過去背負一大堆情債，很希望自己可以做拯救你的那一位。基本上對方很癡戀你，只是做人優柔寡斷，不懂把握時機。

C、白巧克力。

你對戀人：你認為戀人沒有主見，凡事都要你決定，讓你覺得有點累；但這樣你做什麼對方都不會反對，而只會無條件的支持。

戀人對你：戀人欣賞你的脫俗，不食人間煙火，但時間久了又覺得你太脫離世俗，覺得辛苦，想要離開你，卻捨不得你的柔情萬分，現在正處於進退兩難之間，一切聽天由命吧！

D、果仁巧克力。

你對戀人：跟戀人的相處雖然缺少火熱的激情，但卻多了一份細水長流的感覺，戀愛開始時你就覺得對方是你尋覓了終生的那一位，唯一覺得不太滿意的是戀人太過循規蹈矩。

戀人對你：對方對你一心一意，願意隨時隨地陪在你左右，為你付出。戀人有點傻氣，使你少了一份戒心，也會讓你著迷，但小心對方會做出一反常態的怪誕行為。

E、薄荷巧克力。

你對戀人：你覺得戀人很有生活情趣，浪漫溫柔，是你夢寐以求的最佳情人，但性情卻太過瀟灑不羈，讓你缺乏安全感，使你總覺得戀人會對你做出不忠的事。

戀人對你：對方很重視你，但他覺得你是前衛時尚，願意接受新事物的新人類，有些貪玩，還沒有定性，所以對你不大放心，時常會注意你的行為。

F、酒心巧克力。

你對戀人：你的戀人是情場高手，成熟聰明，令你完全甘拜下風，結果對方說一你不敢說二，似主僕多過似情人，長年在戀人的呼喝下生活，令你喪失了自尊，還是早點考慮離開對方吧！

戀人對你：你喜歡挑戰和刺激，勇於嘗試新事物，但卻忽略了戀人的感覺，不知不覺冷淡了他，讓對方坐立難安，希望你們的感情能夠進一步發展。不過可以放心的是，對方對你的感情是很深的，你們的感情中你佔上風。

二十八星宿愛情占卜

西方有十二星座，中國有傳統的紫微十四星，而在日本，也將人的出生日期按照中國傳統的二十八星宿劃分，這也就是二十八星宿占卜法。

【解答】

（1）牛宿（12月22日～1月5日）

你對每段戀情都非常投入認真，絕不只是玩玩而已，也絕不會一腳踏兩船。你對情人非常尊重，而且懂得包容他，被你愛上的人非常幸福喔！唯一需要擔心的是有時太過時態講錯話，可能得罪對方。而暗戀雖然會讓你患得患失，但你同時又很享受這種感覺。

真愛方位：西北。

吉祥物：公牛。

（2）女宿（1月6日～1月19日）

在戀愛之前，你總覺得愛情對你來說並不重要，朋友、家人，甚至事業都比戀愛重要，所以你總是拒絕別人對你的追求，但是，只要你的真命天子出現，你這座冰山就會融化，乖乖地跟隨他，成為熱情的情人。

真愛方位：東。

吉祥物：少女。

（3）虛宿（1月20日～1月29日）

你喜歡自由自在，最討厭約束，如果你的另一半太過糾纏或無理取鬧，你會毫不猶豫的分手。對於飛來的豔福你毫無招架之力，結果弄出好多糾纏不清的霧水情緣。和你在一起的戀人非常沒有安全感，因為你總是毫無愧疚地做出種種不負責任的事情。

真愛方位：西。

吉祥物：野馬。

（4）危宿（1月30日～2月8日）

你的戀愛態度十分開明，忘年戀、多角戀、師生戀、婚外情，只要有感情你就能接受。雖然別人難以理解你，但只要能接受的就能成為你的好朋友，更有可能發展成你的戀人，而且，你的桃花運還非常旺盛呢！

真愛方位：東南。

吉祥物：五角星。

（5）室宿（2月9日～2月18日）

你可以和沒什麼感情基礎的人戀愛，也可以在人前扮得恩愛無比，但其實內心卻很空虛，你很難遇到令你真正全心投入的戀人，也不知道自己在做什麼，其實你除了需要一個真正去愛的人，還需要一個心理醫生。

真愛方位：北。

吉祥物：吉他。

（6）壁宿（2月19日～3月5日）

你嚮往溫馨的愛情和婚姻，希望能夠擁有天長地久的愛情，白髮齊眉，兒孫滿堂。但你的感情太過脆弱，接受不了太多的變故和起伏，小小的挫折都會讓你驚恐，所以平淡如水的感情生活比較適合你。

真愛方位：東。

吉祥物：海豚。

（7）奎宿（3月6日～3月20日）

你非常享受被暗戀、被追求的感覺，對所有的追求者都來者不拒，也很容易接受他人的愛。但你太容易把每段愛情都想得太過美好，充滿幻想，結果現實生活中卻發現對方根本沒有你想的那麼理想化，於是又開始後悔，嫌棄對方達不到你的理想而提出分手，弄得換情人和換衣服一樣頻繁。

真愛方位：南。

吉祥物：紅心。

（8）婁宿（3月21日～4月4日）

你性格樂觀開朗，戀愛態度積極主動，如果遇上了自己喜歡的人，會主動追求對方。你每天都過得開開心心的，讓你的戀人也會開心起來，一點壓力都無。不過你討厭糾纏不清、拖泥帶水的感情，如果不小心陷入了三角戀，就算你不是第三者，也會是首先退出的那一個。

真愛方位：西北。

吉祥物：蘋果。

（9）胃宿（4月5日～4月19日）

妳性情溫順，樂於助人，朋友們多半都得到過妳的幫助。不過妳對異性的要求較高，特別是身材、外貌，妳會很挑剔的。另外，如果自己不喜歡的人對妳表白，妳會覺得對方很討厭。同時妳也是非常容易為愛受傷的角色，選擇成熟、穩重的男性比較適合妳。

真愛方位：北。

吉祥物：金橘。

（10）昂宿（4月20日～4月30日）

你是個愛情至上主義者，為了愛情可以犧牲所有的一切，無條件的付出。你渴望愛情充塞你所有時間，甚至每一條血管。你的擇偶條件不算太高，只要情人對你好就足夠。你的每一段感情進展都很快，短短時間內就有談婚論嫁的舉動，因此你往往比人早婚。

真愛方位：東南。

吉祥物：閃電。

（11）畢宿（5月1日～5月10日）

你太過冷靜、太理智，缺少愛情中令人昏頭的熱情，你的戀愛就像計算好的方程式，對方的外貌、身材、家產、背景都要一一經過詳細的考慮，但要知道，有時候愛情是不可能太理智的，有時太深思熟慮，對方的熱情冷卻之後才後悔就太遲了。

真愛方位：南。

吉祥物：雪花。

（12）觜宿（5月11日～5月20日）

你對愛情太過患得患失，缺乏安全感，始終不肯將自己全部奉獻給對方，總是希望對方愛你百分之百，而自己卻只愛對方80%，因為這樣你才有十足的安全感。而且你總是疑心對方瞞著你做了些什麼，所以經常問對方昨晚去了哪、為什麼這麼晚才回電話等問題，終於讓對方失去耐心。

真愛方位：東北。

吉祥物：雀鳥。

（13）參宿（5月21日～6月5日）

你聰明伶俐，對愛情充滿了好奇，希望能夠瞭解各種不同性格的異性。你的理想戀人最好是多才多藝、天天可以帶給你新鮮感的人，不過一旦戀愛你就會很專心，收拾起對其他異性的好奇心。

真愛方位：西。

吉祥物：貝殼。

（14）井宿（6月6日～6月21日）

你喜歡無拘無束的生活，就算是戀愛也不能束縛你，談戀愛最好只談風花雪月，不要涉及你的私人生活，未來、婚姻之類的話題對你而言太沉重了。其實你是個比較花心的人，但因為外表上看起來卻能給人專一的感覺，讓你成為了不折不扣的愛情殺手。

真愛方位：西南。

吉祥物：太陽花。

（15）鬼宿（6月22日～7月7日）

你覺得戀愛是神聖而高貴的事，是精神上的滿足，其他都不重要。你相信只要深愛對方，就算不是整天見面，或者相隔萬里，兩人的感情也可以維繫，因此你對戀人非常信任，給予他充分的自由。但有時偏偏他會覺得你不夠關注他。

真愛方位：南。

吉祥物：山。

（16）柳宿（7月8日～7月22日）

你想法天真，很容易被甜言蜜語及浪漫氣氛所影響，輕易的對別人動心，但當熱情過後，又會發現對方其實不一定適合你。要小心月圓的時候，因為月亮的引力會令你的自制能力減到最低，做出一些自己都意想不到的事情。

真愛方位：東北。

吉祥物：斧頭。

（17）星宿（7月23日～8月1日）

你性格爽朗，只要談戀愛就會大大方方讓別人知道，而且你喜歡年紀大過你很多的伴侶，覺得能夠給你安定的感覺。但你嫉妒心太強，對方稍有些動靜，你就會大興問罪之師。

真愛方位：西。

吉祥物：風車。

（18）張宿（8月2日～8月11日）

你很看重戀愛，對愛情非常認真，尤其痛恨那些玩戀愛遊戲的人，一旦讓你發覺戀人對你不忠實，會立刻抽身離去。但是你卻容易被那些情場殺手玩弄，因為你很難分辨他們是真心還是假意。你的真愛會在30歲前後出現。

真愛方位：北。

吉祥物：車輪。

（19）翼宿（8月12日～8月22日）

你對愛情很認真，絕不容許戀人有半點異心，一旦發現會毫不猶豫分手，不過你溫柔和善，所以很受歡迎，從來都不缺乏愛情的滋潤。你很容易吸引他人的目光，但也要小心招惹到同性戀者的青睞。

真愛方位：東南。

吉祥物：蝴蝶。

（20）軫宿（8月23日～8月26日）

你渴望浪漫的愛情，覺得愛情一定要古典浪漫，比如月光下的海邊沙灘上，你和戀人赤腳跳著華爾滋之類。但是要小心，太過浪漫的愛情容易不切實際，會令你在現實生活中折戟喔！

真愛方位：北。

吉祥物：雲。

（21）角宿（8月27日～9月22日）

你一旦戀愛便欲罷不能，彷彿中毒一樣沉浸在自己的愛情世界裡，將自己幻想成電影或愛情故事的女主角。但是要小心，太過沉醉於自己的幻想世界，會冷落你的戀人，忽略對方的感受，久而久之會讓他失望喔！

真愛方位：西。

吉祥物：箭。

（22）亢宿（9月23日～10月7日）

你心氣高傲，善於交際，往往是眾人注目的焦點，你希望對方是個高貴出色的人，因此你的愛情往往發生在高級會所這些地方。但你的愛情往往不能持久，因為一旦你發現更好的人，會毫不猶豫的追求新的感情。

真愛方位：東南。

吉祥物：酒桶。

（23）氐宿（10月8日～10月23日）

你喜歡和朋友們在一起玩樂，身邊總是不缺人，所以你的戀情大多是由友情轉化而來的，多留意你身邊的朋友吧！不過因為你朋友太多，對你有心的人很容易覺得你已經有另一半了，結果斷送了你不少良緣，但只要你主動表白愛意，基本上會手到擒來。

真愛方位：西南。

吉祥物：皇冠。

（24）房宿（10月24日～11月2日）

你外冷內熱，看起來高傲冷淡，結果嚇跑了不少身邊對你有意思的異性，其實你只是不懂得該如何表達自己的感情而已，所以，不要考慮太多了，好好的敞開心房，試著接受身邊的人吧！

真愛方位：東。

吉祥物：粟米。

（25）心宿（11月3日～11月12日）

你對肉體關係比較隨便，可以單純享受性愛，也可以相信真愛由性開始。其實你的內心非常渴望有人能夠瞭解你，永遠的陪伴你，但偏偏身邊的人總是很快讓你厭倦，所以你的每段感情都不會很長久。其實只要你對愛情多點信心，就能夠得到你想要的人。

真愛方位：西北。

吉祥物：號角。

（26）尾宿（11月13日～11月22日）

你感情投入，每次戀愛都會覺得是一生一世的事，但這樣的愛情太過沉重，讓你無法去好好享受它。而且就算對方越軌你也不想分手，而是默默的承受，希望靠自己的隱忍獲得長久。

真愛方位：東北。

吉祥物：稻草人。

（27）箕宿（11月23日～12月7日）

你活力十足，崇尚自由戀愛，沒有愛情的日子你會覺得空虛無比，但偏偏你的戀愛觀自由到讓你可以一腳踏幾船也不覺得自己做錯了。你反感婚姻，覺得婚姻扼殺了你的自由。

真愛方位：南。

吉祥物：長茅。

（28）鬥宿（12月8日～12月21日）

你一直都渴望愛情，希望能夠享受愛與被愛。你很善於製造浪漫，也期望能有一段鐵達尼號式的戀愛，可惜現實生活離你的理想太遠，讓你不免有些失望。若是懂得放開懷抱，相信你的愛情會更加甜蜜。

真愛方位：南。

吉祥物：金幣。

出生日看你和他(她)的愛情緣分

將你們出生日的數字相減（大數減小數），所得到的數字就能夠預示你們的緣分了。比如你是20號出生，他（她）是12號出生的話，那所得的數字就是20－12＝8。將所得的數字對照下面的解答就可以OK啦！

【解答】

0：80% 最佳拍檔。

你們的想法非常相似，因此會很合拍，只是因為太相似了，會使得生活有些沉悶，所以不妨多製造一些甜蜜的意外，給生活加點料。

1：85% 一見鍾情。

初相識的你們就知道對方是自己一直等待的人了。

2：35% 互相利用。

兩人在戀愛時都會考慮利弊，一旦覺得害處比益處更大，那戀情就結束了。

3：25% 互相猜疑。

兩人中有一個疑心病太重，總是會將對方的行為往壞處想，久而久之，感情也就消磨了。

4：70% 美好邂逅。

兩人偶然相遇，志趣相投，就會順理成章的陷入熱戀。

5：60% 主僕關係。

你們兩人的關係並不對等，不像戀人而更像主僕，等你們體會到愛情需要的是相互依賴和付出，也許感情才能長久。

6：90% 幸運情侶。

你們的交往會給彼此帶來好運喔！不過記得要互相呵護，才能天長地久。

7：45% 彼此忍受。

你們身上有很多彼此都不能接受的地方，但兩個人卻仍然相互忍受，維持彼此的關係。

8：55% 先甘後苦。

起初男方會極力討好女方，讓女孩子覺得所有事都有人幫忙分擔，異常甜蜜，但日子久了，卻會覺得過分甜膩，喪失了自身。

9：60% 似遠還近。

雙方看起來完全不是一個世界的人，個性與想法都截然不同，但卻意外成為了戀人。

10：25% 鬥氣冤家。

兩人老是爭爭吵吵，意見相左，要長久在一起的話恐怕需要奇蹟。

11：80% 平淡見真情。

兩人的感情是細水長流型，有好結局的可能性很高。

12：15% 受氣包。

一方太過情緒化，另一方要有極大的包容心感情才能長久。

13：50% 似愛非愛。

雙方價值觀不同，卻彼此互相吸引，但要維持長久的關係，需要雙方的努力。

14：10% 不搭調。

兩人如同水火不相容，就算暫時在一起，也很難長久。

15：70% 妹妹情人。

女方以男友為天，百依百順，但時間久了是會讓對方覺得煩的。

16：45% 強弱組合。

男方比較強勢，但女方也甘願順從。

17：20% 分手收場。

兩人完全沒有共同點，分手是遲早的事。

18：30% 癡迷情人。

男方無論說什麼對方也覺得是對的，毫無理智可言。

19：80% 上進情侶。

兩人能互相鼓勵，共同進步，幸福指日可待。

20：45% 難免變心。

熱戀時會遷就對方，一旦變心就無法挽救。

21：15% 孽緣。

兩人的感情遲早都會結束。

22：85% 完美情人。

女方會被對方的學識及經驗所吸引，而陷入愛情。

23：5% 早散早好。

你們的戀情顯然是個錯誤，還是盡早結束它吧！

24：65% 說謊情人。

雖然相愛，卻總有自己的祕密不願意相互坦白。

25：15% 知己朋友。

兩人與其說是戀人，不如說是知己好友更恰當。

26：55% 歡喜冤家。

兩個人見面就吵，但偏偏越吵感情越好。

27：80% 人間絕配。

雙方都懂得為對方著想，是令人羨慕的情侶組合。

28：30% 暴力情侶。

兩人不只吵吵鬧鬧，更甚者還會大打出手。

29：60% 分分合合。

情路坎坷，分分合合，總是讓人提心吊膽。

30：80% 超塵脫俗。

雖然沒人看好你的這段感情，但你卻很享受它帶給你的快樂。

有人暗戀你嗎？

在下面的四個字中憑直覺選擇一個，就知道有沒有人暗戀你了。

A、偷。

B、暗。

C、戀。

D、我。

【解答】

A：偷是「人在俞（餘）旁」，也就是說有人在你旁邊，亦即你身邊有人暗戀你。而俞加口字為喻，即「不言而喻」的意思，也就是說你是知道有人暗戀你的喔！

B：「暗」字的含意是「只聞梯響，日照沒影」，因為暗字是「日」字加上「音」字，意思是有人一直講，但太陽一照連個影也沒有，表示沒有人暗戀你。

C：「戀」字中有「言」、有「心」、有「絲」，表示已經開始開口談心，而且情絲糾纏，也就是說你們的關係已經不是暗戀，而是戀愛了。

D：「我」字中暗藏代表兩性的偏旁，說明有人暗戀你，但你完全不知道。

戒指占卜戀愛前兆

準備一只指環，要沒有任何鑲嵌物的那種，用自己的頭髮把戒指綁著吊起來，用右手拿著頭髮提起來，將左手平攤在戒指旁邊，提著戒指在左手上輕輕碰一下，然後輕輕晃動戒指，想知道你哪一歲的結果，就晃動多少下。晃完之後，將戒指提到左手上方，看戒指的運動狀態，就能知道你那一歲的情況了。

【解答】

戒指靜止不動或自轉，那這年你沒有戀愛；戒指左右晃動，這一年你會戀愛；戒指在手掌上方畫圈，是結婚的意思。

你傾心於哪種異性？

假如叫你設計一款新的撲克牌，在原本紅心、黑桃、梅花和方塊四種圖案之外再增加一種圖案，那麼你的第一感覺會選擇下面哪種圖案來做為第五種花樣呢？

A、月亮形

B、象棋形

C、空心圓形

D、漏斗形

【解答】

A、你會喜歡上的是一個對未來充滿憧憬的人，他對於理想的盼望和熱情令你心動，使你不由自主地被他編織的未來吸引。但是要注意的是，有時候光有理想是不夠的，你需要看看他是否有實現夢想的勇氣和行動，否則日子久了，你會發現這個空想家無法帶給你幸福。

B、你會被那些優秀的人所吸引，他們頭腦靈活、反應機敏，做起事來總是比其他人更勝一籌，讓你從傾慕到喜愛。如果你是男性，那麼你容易被那些年紀稍長於你的事業型女性吸引；如果妳是女性，則容易愛上社會精英或專業人士。不過妳要學會分辨他們的行為，看清楚對方對妳是否付出了同等的真心，否則受傷的只會是妳。

C、你喜歡那些相貌出色、穿著時尚的人，對於外表的美麗你總是無法抗拒，因此往往容易一見鍾情。即使你發覺對方其實並不適合你，你還是不願意離開，繼續守候在對方身邊，其實太過追求外表並不是一件好事，它會讓你錯過你生命中真正的愛人。

D、你對於愛情總是保持著慎重的態度，就算是第一眼能夠令你心動，你還是會保持觀望的態度，直到雙方瞭解清楚之後，才決定要不要發展這段感情。所以你的感情多半是在相處一段時間的朋友中發展的，雖然會讓你錯過很多浪漫，但你的感情生活卻能夠持久。

飲料提升魅力

展現魅力有很多方法，服飾、化妝、動人的姿態、誘惑的語言，不過有時候，選擇適合妳的飲品也會提升妳的個人魅力，讓妳的優雅和情感得以展現。

占卜方法：

（1）與朋友聚餐時妳更樂意選擇郊外野餐？

是——2

不是——3

（2）妳在15歲之前就對人動過心？

是——4

不是——5

（3）妳喜歡踢足球嗎？

是——6

不是——7

（4）手機響起時妳會立刻接聽？

是——8

不是——17

（5）妳喜歡烹飪嗎？

是——10

不是——11

（6）要旅行之前，妳會做好詳細的計畫？

是——12

不是——13

（7）妳覺得婚姻是很嚴肅的事情嗎？

是——14

不是——15

（8）妳喜歡安靜的生活嗎？

是——16

不是——17

（9）學生期間妳的成績很好？

是——18

不是——19

（10）妳的身高在165公分以上？

是——20

不是——21

（11）妳認為相貌很重要？

是——8

不是——10

（12）妳喜歡吃甜的東西？

是——9

不是——10

（13）妳認為親情比愛情更重要？

是——10

不是——8

（14）大家都認為妳是個好人？

是——9

不是——8

（15）妳喜歡鮮豔的顏色？

是——10

不是——9

（16）妳喜歡吃海鮮？

是——A型

不是——17

（17）妳喜歡雨天？

是——B型

不是——18

（18）妳很容易喜歡上一個人？

是——C型

不是——19

（19）妳很八卦，喜歡打聽各種消息？

是——D型

不是——20

（20）妳很容易哭泣？

是——E型

不是——21

（2）妳常常感覺孤單？

是——F型

不是——G型

【解答】

A型：雪碧。

妳冰雪聰明，和晶瑩剔透的雪碧再配不過了。在這個物質的時代裡，誰能抵得過清純的誘惑呢？當妳手拿著一罐雪碧，輕快地走在陽光下的時候，相信所有男生的目光都會被妳吸引。

B型：茶。

妳是沉穩內斂的空谷幽蘭，與世無爭，但總是能在關鍵的時刻給人安慰，所以盡量發揮妳的優點吧！不用裝可愛扮天真，安靜的坐在一邊飲茶的妳才是真正的魅力無窮。

C型：可樂。

妳精力十足，樂觀活潑，無憂無慮的妳，永遠有用不完的衝勁與活力，所以，不論是在熱鬧的速食店，還是野外的聚會上，拿著可樂、熱情洋溢的妳會讓所有的男生都心跳不已。

D型：純淨水。

妳總是喜歡把自己的樣子換來換去，希望自己做個多面女郎，在任何方面都能夠做到最好，卻不知妳的多變會讓人疑惑。記得最真實的妳才是最具吸引力的，多多充實自己，展現出妳最真實的一面，要知道只有當妳拿出一瓶純淨水暢飲之時，別人才會有試著瞭解妳的衝動，因為妳終於變得有點真實感了。

E型：咖啡。

妳目標明確，總是希望能夠主宰自己的一切，就算年歲增長妳也不會老去，只會更加成熟，更有風韻，所以一杯濃濃的咖啡最適合妳的風格，在香醇的咖啡香中人們會體會到妳的魅力。

F型：果汁。

妳清純可人、秀外慧中，大家都很喜歡妳，不過濃烈的香水味會阻礙妳的親切氣質，還是讓清新的果香來提升妳的魅力吧！來瓶果汁，眾人中的妳會讓人耳目一新。

G型：香檳。

妳優雅高貴，當然要高貴的香檳來配啦！在觥籌交錯的酒會中，當人們看見手持香檳的妳，一定會想邀妳共舞；而當妳手持香檳獨自神傷時，同樣能激起男人的保護慾，開始一段浪漫的愛情故事。

戀愛密碼看你們的感情

就像DNA一樣，每個人都有一個屬於自己的「戀愛密碼」，從你的密碼中，能夠看出你愛情的走向，而你和他（她）密碼的對照，就能知道你們的緣分，預知你的暗戀會否有結果。

占卜方法：

將你出生年月日的數字相加，比如你是1997年8月15日出生的話，就是1997＋8＋17＝2022，2＋0＋2＋2＝6，那麼你的戀愛密碼就是6。若數字大過10，那麼就再次將個位數和十位數相加，最後得出的個位數就是你的戀愛密碼。

【解答】

(1)你的戀愛密碼：1

相對對策：主動

對方的戀愛密碼：1、5、8

暗戀成功率：高

其實對方也在注意你，現在缺少的只是一個契機而已，不如主動一點吧！

對方的戀愛密碼：2、6、9

暗戀成功率：中

不妨主動一些，多做些暗示。

對方的戀愛密碼：3、4、7

暗戀成功率：低

對方根本沒有留意到你，先讓對方知道你的存在再說吧！

(2)你的戀愛密碼：2

相對對策：按兵不動！

對方的戀愛密碼：1、6、7

暗戀成功率：低

最好還是死心吧！

對方的戀愛密碼：2、4、5

暗戀成功率：高

即使你不主動表態，對方也會主動向你走近！

對方的戀愛密碼：3、8、9

暗戀成功率：中

別急著把你的感情表現出來，以免嚇跑對方。

（3）你的戀愛密碼：3

相對對策：耐性，矜持

對方的戀愛密碼：1、7、8

暗戀成功率：低

暫時是不會有結果了，不怕等到頭髮白就等吧！

對方的戀愛密碼：2、5、9

暗戀成功率：高

你大方得體的表現最吸引對方，多多展現自己的長處吧！

對方的戀愛密碼：3、4、6

暗戀成功率：中

雖然對方對你也有好感，但真正的戀愛恐怕還要經過很漫長的準備。

（4）你的戀愛密碼：4

相對對策：死纏爛打

對方的戀愛密碼：1、7、9

暗戀成功率：中

多找機會接近，對方自然會明白你的心意。

對方的戀愛密碼：2、5、8

暗戀成功率：低

雖然暗戀的成功率不高，但可以試試直接表白，或許會有意外的收穫。

對方的戀愛密碼：3、4、6

暗戀成功率：高

雖然對方沒什麼特別的表示，但其他他很注意你。

（5）你的戀愛密碼：5

相對對策：從做朋友開始！

對方的戀愛密碼：1、2、6

暗戀成功率：中

有時候主動，有時愛理不理，對方更會留意你的存在。

對方的戀愛密碼：3、7、8

暗戀成功率：高

有時候適當的距離會讓他想念你，或者讓對方知道有人在追求你，危機感會觸發他。

對方的戀愛密碼：4、5、9

暗戀成功率：低

無論做什麼對方都不會注意你，還是放棄吧！

(6) 你的戀愛密碼：6

相對對策：從朋友做起！

對方的戀愛密碼：1、2、3

暗戀成功率：低

能做朋友恐怕都很難。

對方的戀愛密碼：4、8、9

暗戀成功率：中

先培養友誼，待大家更瞭解後，成功率自然會提高。

對方的戀愛密碼：5、6、7

暗戀成功率：高

成為無所不談的好朋友，對方自然會更重視你！

(7) 你的戀愛密碼：7

相對對策：改變自己

對方的戀愛密碼：1、4、9

暗戀成功率：高

在適當的時候讓對方眼前一亮，他自然會被你吸引。

對方的戀愛密碼：2、3、6

暗戀成功率：低

對方暫時還沒有留意到你，你需要做出脫胎換骨的大改變。

對方的戀愛密碼：5、7、8

暗戀成功率：中

其實對方對你也又好感，如果能改掉你的某些小毛病，他也許就不會猶豫了。

（8）你的戀愛密碼：8

相對對策：從對方的朋友入手

對方的戀愛密碼：1、2、8

暗戀成功率：高

在有眾多人的聚會中，反而更能凸顯你的魅力。

對方的戀愛密碼：3、5、9

暗戀成功率：低

看看有沒有新目標，方為上策。

對方的戀愛密碼：4、6、7

暗戀成功率：中

與他的朋友保持聯繫，找機會參與他們各種聚會。

（9）你的戀愛密碼：9

相對對策：找人幫忙

對方的戀愛密碼：1、2、4

暗戀成功率：中

與過來人商討對策，對方會給你最好的建議。

對方的戀愛密碼：3、5、6

暗戀成功率：高

試試請一些信得過的好朋友替你明示、暗示，成功率極高喔！

對方的戀愛密碼：7、8、9

暗戀成功率：低

暗戀無望，及早死心吧！

撲克牌占卜感情發展

再自信果斷的人，一旦面對感情總難免會迷惘，因為瞭解對方的心那麼難，如果靠你自己無法掌握未來的話，試著問問上天！

占卜方法：

（1）準備一副撲克牌，留下去掉大小鬼牌之後的五十二張牌。

（2）洗好牌，將撲克牌從上到下數出和你的年齡相同的那張牌，即如果你20歲的話，那就拿出第20張牌，放到一邊。

（3）再次洗牌，按照上面的方法拿出對方的年齡對應的那張牌，也就是如果對方23歲的話，拿出第23張牌放到一邊。

（4）再次洗牌，將你們年齡之和的個位數算出來，然後將對應的那張撲克牌拿出來。比如20＋23＝43，那個位數就是3，那就是拿出第3張牌。但如果你們兩人的年齡之和為0的話，那就當做10來計算。

（5）再次洗牌，然後任意抽出一張，將四張牌擺在一起，經由花色的組合，就能知道你們的感情前景了。

【解答】

1、紅心、紅心、紅心、紅心：毫無疑問，你們是非常理想的一對。

2、紅心、紅心、紅心、方塊：你們現在的感情非常融洽。

3、紅心、紅心、紅心、梅花：你們做朋友也許好過做戀人。

4、紅心、紅心、紅心、黑桃：兩人佳期將至。

5、紅心、紅心、方塊、方塊：現在的你們正在享受熱戀。

6、紅心、紅心、梅花、梅花：你們兩人很適合，是理想的情侶。

7、紅心、紅心、黑桃、黑桃：也許對方沒有你想像中的那麼好。

8、紅心、紅心、方塊、梅花：當心被嫉妒破壞了你們的感情。

9、紅心、紅心、方塊、黑桃：感情出現了障礙，但只要兩人同心協力就能度過難關。

10、紅心、紅心、梅花、黑桃：最後的衝刺是最重要的，千萬不可以輕易放棄。

11、紅心、方塊、方塊、方塊：你們是相親相愛的一對。

12、紅心、梅花、梅花、梅花：早點表白你的心吧！不會令你失望的。

13、紅心、黑桃、黑桃、黑桃：好好考慮下，再決定你們之間的這份感情吧！

14、紅心、方塊、方塊、梅花：小心，會有情敵出現喔！

15、紅心、方塊、方塊、黑桃：對方將是你理想的另一半。

16、紅心、梅花、梅花、黑桃：你和他之間很難長時間相處下去。

17、紅心、黑桃、黑桃、梅花：問問你自己是不是還不夠信任他，或者有什麼重要的事情瞞著他。

18、紅心、方塊、黑桃、黑桃：未來的你會遇到更理想的對象。

19、紅心、梅花、黑桃、黑桃：學著多多體諒他的心情。

20、紅心、方塊、梅花、黑桃：反省一下你自己是不是太過敏感了。

21、方塊、方塊、方塊、方塊：相信你自己，他會永遠愛著你的。

22、方塊、方塊、方塊、梅花：你們之間可能有誤會。

23、方塊、方塊、方塊、黑桃：你們是理智勝於感情的一對。

24、方塊、方塊、梅花、梅花：你們是一對冤家。

25、方塊、方塊、黑桃、黑桃：讓自己冷靜一點，試著去理解對方可能才是好方法。

26、方塊、方塊、梅花、黑桃：雖然你覺得他有些小缺點，但瑕不掩瑜。

27、方塊、梅花、梅花、梅花：僅僅有肉體的慾望是難以長久的。

28、方塊、黑桃、黑桃、黑桃：別害羞了，再積極一點吧！

29、方塊、梅花、梅花、黑桃：你對他太冷淡了，這可不是好現象。

30、方塊、梅花、黑桃、黑桃：他已經開始討厭你了。

31、梅花、梅花、梅花、梅花：他已經開始變心了。

32、梅花、梅花、梅花、黑桃：何必理會別人說什麼呢？

33、梅花、梅花、黑桃、黑桃：你們已經到了非得好好談判不可的地步了。

34、梅花、黑桃、黑桃、黑桃：改改你的脾氣吧！坦率些或許對你們兩人都好。

35、黑桃、黑桃、黑桃、黑桃：你們之間不會有任何結果的，死心吧！

愛意滿分指數占卜

正沉浸於熱戀中的你，對現在的感情狀況滿意嗎？如果希望你們的感情更進一步，那就讓塔羅牌為你占卜一下，看看你對這段感情的滿意度有多高。

占卜方法：

憑直覺在下面的塔羅牌中選擇你最喜歡的一張。

【解答】

A、聖杯3——愛情滿意度60%

你的他如果是個很重視朋友的人，喜歡和自己的好友相聚，那麼只要你能夠成全他的喜好，讓他多和朋友相聚，或者積極參與其中，成為他們中的一分子，就能讓你們的感情更進一步。但另外一種情形是，你們之間已經有了第三者，而這個人很有可能是你們的好朋友，所以，你應該好好理清自己的感情狀態，如果捨不得對方的話，就要好好努力了。

感情提升方法：佩戴粉色系的水晶或粉紅珊瑚。

B、聖杯2——愛情滿意度90%

你們是熱戀中的情侶，感情非常融洽，都很樂意為對方付出，把對方當做一生一世的伴侶。如果是還沒有戀愛的人，要注意了，最近你會有不錯的新戀情出現，而是還是一見鍾情的那種呢！

感情提升方法：佩戴藍色系或藍綠石的水晶礦物。

C、聖杯6——愛情滿意度100%

對方非常愛你，將你照顧的無微不至，全心全意呵護你，給你百分之百的安全感，不過你的付出可沒有對方多，還是多點付出，你們之間的感情才能長久幸福。如果現在還沒有戀人的，那不妨去找認識很久的朋友聚會聊天，也許會因為共同的回憶促成一段新戀情呢！

感情提升方法：佩戴綠松石。

D、聖杯4——愛情滿意度數80%

你們的感情平穩安定，但是太過平淡的生活卻讓你開始厭倦，其實，要懂得享受現在的快樂與平穩，凡事不要想太多。如果想讓生活多一點意外的樂趣，可以利用休假期間外出走走，替彼此製造一點浪漫，另外床第間的事也是可以讓感情生活加溫的方式。

感情提升方法：佩戴磁鐵礦石。

E、聖杯5——愛情滿意度40%

你和他的感情一開始充滿了熱情與快樂，但熱情過後，你卻發現了他許多的缺點和不足，偏偏這些問題是你無法接受的，卻也是付出再多努力也無法改變的，這讓你非常苦惱，有了想要結束這段感情的想法。不過，就算要分手，最好也不要太過爭吵，平靜的解決這件事才是上選。

感情提升方法：佩戴紫水晶。

放手機的位置透露他的祕密

想輕鬆瞭解到他的心？其實很簡單，只要妳暗中觀察他放手機的位置，就能知道他到底是個什麼樣的人了。

A、他常忘了帶手機。

B、把手機放包包裡。

C、把手機放在後口袋裡。

D、放在褲腰附近。

E、常把手機拿在手上。

F、放在上衣口袋裡。

【解答】

A、這麼迷糊？不過這也不一定是壞事呢！說明他是個樂天開朗的人，生活對他來說一定要快樂，凡事別太正經，最好是寓娛樂於工作，過得輕鬆自在才是，是大智若愚的典型。雖然他很隨性，但因為他對人、對工作都很熱情，所以在職場上還是很受上司喜歡的。

雖然他性格糊塗，但在愛情方面他還是很清楚的，很明白自己要的是誰，是典型的嘴花心不花的愛玩男人。

B、包包中是所謂的安全地帶，把手機如此安全的收起來的男生，一定是個深思熟慮、小心翼翼的男人。他自尊心很強，對自己要求極高，雖然待人友善，但卻很難主動親近人。在工作上，他潛力無窮，只要機會一出現就能即時抓住，進而平步青雲。

在愛情上，他對自己的另一半要求非常高，希望對方在各個方面都配得上自己，是個百分百完美的女性，而一旦妳不能達到他的要求，會讓他感覺失望。這樣的愛情會給妳帶來壓力，所以妳應該主動和他溝通，讓他瞭解這世界上沒有完美的東西，試著放開自己，你們的愛情才能快樂。

C、將手機放在後口袋的男人溫和善良，但是卻有著強烈的自我保護心理，不會輕易向人袒露自己心底的祕密，對愈疏遠的朋友表達反而愈親密，愈接近他的身邊，卻發覺他愈疏遠。他對於事業有很多的理想，創意十足，但卻少了一點執行力，若能與執行力強的夥伴配合，將會有一番事業。

對於愛情他忽遠忽近，不可捉摸，如果你愛上了他，那麼就體諒他心中藏著的那些不願被人所知的小祕密吧！忍耐他的情緒，給他足夠的自由。

D、很多男生把手機放在褲腰上，是因為沒有其他地方可放。但如果他覺得將手機掛在腰上是最方便的位置，那麼他是一個很有責任感的男人，他會很努力工作，因為他相信男人有養家糊口的責任，就算是辛苦他也樂在其中。如果他喜歡將手機放在前面，那麼他是非常坦率的人，而且對生活中的所有事物，都有一套自己獨特的想法和作法。如果他習慣在手機放在後面，那麼他是個很有創意的男生，但他不習慣於將事情完全說清楚。

在愛情上，他是積極主動的，會抓住每一個機會向妳表白，雖然他平日裡有些粗枝大葉，但學會欣賞他，換個角度看，這未嘗不是他的優點啊！

E、手是全身行動量最多的地方之一，習慣將手機拿在手上的人是個精力充沛的傢伙，他每天都會積極地做事，不到非休息不可的時候，他是不會停下來的。他適合從事活動量大、與很多人接觸的工作，適合他用不完的精力。

在愛情上，他期望自己的另一半能夠和他共同奮鬥，共同面對生活中的困難。但他同時也是個神經大條的傢伙，對於情緒的敏感度很低，有時還會有些不負責任的態度，所以和他一起時你們應該多多溝通，妳同時要學著調整自己對愛情的期待。

F、將手機放在心臟部位的男人很有自己的目標，做事不急不緩，會盡一切的努力讓生活朝著他所定的目標前進，慾望強烈的他是很容易達到目標的。

在愛情上，他是很有控制慾的人，就算在表面上他不一定擁有兩性關係的主導權，但實際他是一定要做主的那個。不過他對於形象過度重視，有時候比妳還挑剔呢！

開車習慣看他的性格

心理學家發現，開車的方式上完全可以看出一個人的個性，所以，觀察你的戀人開車的方式，就能夠知道他是什麼樣的人。

他開車的方式是：

A、嚴格遵守交通規則，開得也十分平穩。

B、順著車流前進，力求穩當；一旦有意外就立刻停車。

C、在不可能的情況下仍勉強超車，賣弄車技；若是有人超車則要和人一較高下。

D、方式特別，經常一邊抽菸一邊開車，或停車時把腳伸到方向盤上。

【解答】

A、他是個一絲不苟的正人君子，凡事腳踏實地，是個絕對可以信任的好男友、好丈夫。雖然有時候妳也許會覺得他太過死板，沒有趣味，其實在浮躁的世界裡，他這樣的男人才是真正值得依靠終生的。如果妳能夠幫助他在溝通和交際上進步的話，他的事業也會更進步。

B、他為人耿直，做事盡責，適應力強，善於交際，是非常受尊重的人。不論是工作還是感情，他都有著周密的計畫，按照自己的想法一步步進行，是非常可靠的人。不過，在他自信的外表下，有一顆敏感的心，若是覺得他不夠主動的話，那妳可以主動一點，好好抓住他吧！

C、他自信灑脫，在某些方面非常出色，是個能夠輕易令女性動心的男人。可是他也有些愛慕虛榮，驕傲自大，不夠成熟穩重，並不是丈夫的最佳人選。他是那種婚前很善於討好妳，對妳呵護備至，但婚後可能就會懶惰下來的那種人。

D、他個性獨特，能力出眾，為人剛直不阿，非常有主見，是個理想主義者。在愛情中他也同樣有主見，且將生活安排得浪漫溫馨，只是處事太固執己見，自我中心，不懂轉圜。

不同血型星座的愛情

【解答】

A型。

A型的火象星座（牡羊座、獅子座、射手座）——矛盾驕傲的愛。

A型的穩定和火象星座的活潑在這裡造成了衝突，使得A型的火象星座性格中往往有矛盾的一點。A型安定的個性使他們選擇踏實忠誠的伴侶，而火象星座熱情奔放的一面又使得他們會被危險誘惑的異性所吸引。他們一邊渴望愛情的承諾和保障，一邊又可能因為誘惑而背棄自己的戀人，不過出軌之後，他們還是會回到既往的生活路線上來。

A型的土象星座（金牛座、處女座、魔羯座）——細水長流的愛。

在這裡，土象星座的安定踏實與A型的謹慎沉穩得到了最協調的結合，給了他們踏實而安穩的個性。他們不會輕易投入一段感情，在決定開始戀愛之前，他們總會經過長期的考慮和觀察，而一旦戀愛就是以婚姻為目的。在戀愛的初期他們可能比較理智，但隨著時間的推移熱情會越來越高。他們對於戀人的忠誠度很高，基本上不會有出軌的行為。

A型的水象星座（巨蟹座、天蠍座、雙魚座）——壓抑但洶湧的愛。

這是一個喜歡暗戀的星座血型組合，內心充滿了對愛的渴望，但行為卻非常害羞，生怕自己內心的熱情被別人看穿，就算面對自己喜歡的人，他們也會因為害怕失敗而不敢表白自己的情感。但是處於戀愛中的他們會是最體貼的戀人，能夠照顧到戀人細微的需要。

A型的風象星座（雙子座、天秤座、水瓶座）——純淨的精神的愛。

比起外貌的美醜，A型風象星座更看重的是心靈的交流，會令他們心動的一定是充滿智慧和內涵的人，能夠與他們有精神上的交流和溝通，只有在這樣的交流中，他們才能獲得最大的滿足，感受到愛情的永恆。而且，即使只是精神上的戀愛，A型的風象星座人也是認真的、忠誠的。

B型。

B型的火象星座（牡羊座、獅子座、射手座）——感性和隨性的愛。

B型火象星座一旦愛了就會不顧一切，有種可愛的任性和堅持，他們不會考慮任何世俗的看法，不在乎對方的條件，任何問題到了他們這裡都不是問題，他們會創造出各種浪漫感性的氛圍，令對方不由自主的深陷進去。只是當兩人開始戀愛之後他們又很容易感覺受到了束縛，失去興趣，轉而被新的戀情所吸引。

B型的土象星座（金牛座、處女座、魔羯座）——晚熟而簡單的愛。

B型的土象星座在愛情方面的心理很晚熟，戀愛時經常會出現孩子般的任性，為一些小事斤斤計較，實則是希望時刻獲得對方的關注和體貼。不過，B型的感性隨意與土象星座的安穩謹慎同樣存在著衝突，但大部分的人在婚後還會是一個本分的丈夫或妻子的形象，安穩的性格會佔上風；但小部分人B型活躍的一面會比較強烈，給愛情和婚姻生活帶來種種波折。

B型的水象星座（巨蟹座、天蠍座、雙魚座）——婉約的奉獻的愛。

B型水象星座天真、溫和，喜歡單純簡單的戀愛關係，如果不喜歡的人會毫不猶豫的拒絕，絕不拖拖拉拉。他們如果喜歡上一個人，就會將全部的精力都放到對方身上，樂於奉獻自己的一切，而且總是患得患失，為對方的行為失神。不過即使是水象星座的B型，還是很喜歡感情中保持一份自我的獨立。

B型的風象星座（雙子座、天秤座、水瓶座）——輕鬆的快樂的愛。

B型的風象星座風趣幽默，善於溝通，有很強的魅力，很輕鬆便能吸引異性的眼光，桃花運一向很旺盛，不過風象星座理性的特質會使得他們對待愛情還是很理智，不會弄出麻煩的多角關係。對B型風象星座的人而言，愛情並不是生活的全部，他們需要的是一種輕鬆的戀愛，彼此都能夠有自己獨立的空間。

AB型。

AB型的火象星座（牡羊座、獅子座、射手座）——華麗的熱誠的愛情。

如果有非常出色的對象出現，AB型的火象星座會是主動追求的那一個，不過AB型給了他們異常挑剔的眼光，只有那些內外兼備、氣質出眾的人才能獲得他們的青睞。一旦戀愛，AB型的火象星座會展現出他們最大的熱情，為對方營造出一個浪漫唯美的愛情故事，而且他們會是最忠誠的戀人。但如果遭受到感情上的背叛，會令她們大受打擊。

AB型的土象星座（金牛座、處女座、魔羯座）——現實的忠誠的愛。

AB型的土象星座是個溫和安定的人。對於愛情他們首先考慮的是客觀條件，比如說穩定的經濟收入、工作、學歷、身高、相貌等，只有基本的條件符合要求了，他們才會放任自己去愛。不過一旦戀愛他們會是忠誠且投入的戀人，會以戀人為生活的重心，給予對方一切的支援。

AB型的水象星座（巨蟹座、天蠍座、雙魚座）——羞澀的夢幻的愛。

AB型的水象星座期待童話故事般的美麗戀情，他們容易一見鍾情，對外表出色的異性會特別有好感。但是他們非常害羞，一般情況下不敢表白自己的心意，而只能做為朋友的身分在一旁關心對方，所以在他們的生命中會有多段沒有結果的暗戀。AB型水象人的戀情通常都是由對方主動表白的，如果對方不是自己喜歡的人，他們也很容易因為追求者的溫柔而逐漸陷入戀情。

AB型的風象星座（雙子座、天秤座、水瓶座）——智慧的優雅的愛。

AB型的風象星座有著A型風象人的高雅，又有B型風象人的幽默，是非常有趣且善於製造新鮮感的戀人。他們對於愛情首先追求的是兩人智慧和心靈的交流，他們會充分享受愛情的歡樂卻不會沉溺於其中。不過他們的個性中也有搖擺的一面，有時會狂熱的戀愛，又是卻又希望彼此有自己的空間，令人迷惑。

O型。

O型的火象星座（牡羊座、獅子座、射手座）——短暫但真誠的愛。

O型的火象星座熱情奔放，充滿自信，不喜受束縛，他們只要愛上一個人就會毫不猶豫的表白，就算被拒絕也絕不會沮喪。戀愛中的他們非常真誠和專一，可是一旦愛情消失，他們也是會很快厭倦的那一個。

O型的土象星座（金牛座、處女座、魔羯座）——物化的理智的愛。

O型務實理性的一面，在土象星座上的物慾感上得到了最大的發揮，在他們身上，愛和慾是可以分離的，就算心中愛的是一個人，結婚卻可以找各方面客觀條件最合適的另一個。雖然表面上很正經，但其實在他們戀愛中喜歡處於主導地位，對於戀人是物化的、佔有的。

O型的水象星座（巨蟹座、天蠍座、雙魚座）——曖昧的浪漫的愛。

O型的水象星座有著豐富的情感和感應能力，善於用各種暗示來表達自己的愛，也擅長製造曖昧溫柔的氣氛。不過他們也很容易感動，結果弄得太多曖昧，到最後連自己究竟喜歡誰也不知道了。

O型的風象星座（雙子座、天秤座、水瓶座）——冷靜又技巧的愛。

O型風象星座具有極佳的交際能力，非常具有吸引力，他們擅長用語言的技巧來打動對方，但自己內心深處還是非常冷靜的。他們可能會擁有很多的異性朋友，但卻對友情和愛情分得很清楚，絕不會將自己陷入麻煩的戀情中去。

一個字看你們的相愛程度

如果給你一個「雨」字，讓你在下面加上一個部首，你首先想到的會是下面哪個字？

A、霜

B、雪

C、霧

D、雷

【解答】

A、相愛度30%

這個字表示厭倦。你是不是因為對方不夠優秀而開始猶豫了？

B、相愛度90%

你們互相傾心，非常相愛，都不能沒有對方。

C、相愛度10%

表示不安。你們彼此之間還缺乏足夠的信任，是不是存在某些誤會呢？

D、相愛度60%

在美麗的相遇後，你們的愛情衝突與坎坷不斷，感情生活猶如戲劇。

你選哪種牌

如果有一天你正在路上走，忽然遇到了一個神祕的吉普賽人，他說了一堆你聽不懂的話，然後拿出了一副撲克牌，抽掉其中的鬼牌，讓你從剩下的五十二張牌中選擇一張，你覺得自己選出來的會是哪種花色的牌呢？這個占卜可以預測你未來的另一半喔！

A、紅心

B、方塊

C、梅花

D、黑桃

【解答】

A、你的另一半應該年紀比你稍長，是個溫柔而又有魅力的人。很可能是巨蟹座、魔羯座或雙魚座的人。

B、你的另一半是踏實沉穩型的人，對戀人非常忠誠。很可能是金牛座、處女座或天蠍座的人。

C、你的另一半是活潑外向的人，喜歡新鮮刺激的東西，對你會很體貼，絕不會強迫你做不喜歡的事。很可能是牡羊座、獅子座或天秤座的人。

D、你的另一半是個幽默樂觀的人，可能年紀比你小，會很依賴你。很可能是射手座、水瓶座或雙子座的人。

脫衣服習慣看你的性慾

讓你的直覺告訴你，如果你身上有以下衣物和飾品，你會先脫哪一件呢？

A、長褲

B、鞋子

C、手錶

D、項鍊

E、襯衫

【解答】

A、長褲──「慾求不滿型」。

你的性慾很強喔！只要有一點點的觸發，就會完全勾出你的慾望喔！你是隨時隨地都可以來一段的人。

B、鞋子——「定時炸彈型」。

你的性慾是週期性的，不知何時何地會突然高漲，沒有跡象可尋。

C、手錶——「慢一拍型」。

你的性慾不強，要點燃你的慾火可不是件容易事，需要慢慢來。

D、項鍊——「無所謂型」。

對你來說，性只是調劑品而已，還是其他的事更能吸引你的注意力。

E、襯衫——「偷吃型」。

固定的性伴侶會讓你覺得很悶之外，所以偶而出軌一下，偷吃才能讓你滿足。

性趣吉位占卜

把妳出生日期中年、月、日三個數字加起來，再將得出的數字分開相加，直到結果為十以內為止，此時得出的數字就是妳的「性運數字」。比如說妳是1981年10月5日出生，那麼1981＋10＋5＝1996，1＋9＋9＋6＝25，2＋5＝7，那妳的性運數字就為7。

【解答】

性運數字：1

性趣吉位：廚房

不知道為什麼，在床上的妳總是無法投入，沒有熱情，讓妳的伴侶覺得掃興，想改變這種狀況，不妨將你們的戰場轉移到廚房吧！因為廚房能讓妳重拾朝氣，也許因為妳是個「入得廚房」的女孩吧！

性運數字：2

性趣吉位：客廳

妳生性熱愛自由，但又極重視家庭，所以妳討厭在狹小的空間內做愛，在家中，只有寬大通透的客廳最符合妳的要求。

性運數字：3

性趣吉位：睡房大床

你是個傳統的乖乖牌，連性愛方面也是比較傳統的，所以，只有在自己熟悉的床上，你才會真正放開來，就算是換一張床，你也會拘束很多喔！

性運數字：4

性趣吉位：度假屋

妳平時面對任何事都提不起勁，但是一到假期，妳的性慾就會直線提升。所以，趁著假期和他去度假吧！這樣就可以好好享受魚水之歡了。

性運數字：5

性趣吉位：浴室。

看起來，妳是個靦腆害羞的女孩，其實內心深處卻充斥著無窮無盡的性幻想，隱蔽的浴室最能夠讓妳將暗藏的情慾完全發揮出來。

性運數字：6

性趣吉位：車廂

妳喜歡追求刺激的生活，熱愛新鮮，就算是在性上也是如此，所以，特別的汽車後座很適合感覺來了就要的妳。

性運數字：7

性趣吉位：飯店

雖然妳平日裡很正經，但偶爾還是想嘗試一下新鮮的感覺，老是在家裡會讓妳覺得悶，偶爾到飯店開房會讓妳滿足喔！

性運數字：8

性趣吉位：沙灘

妳熱情開朗、不拘小節，所以充滿活力的陽光與沙灘才是最能讓妳high起來的地方，到海邊露營吧！

性運數字：9

性趣吉位：露臺

妳有強烈的表現慾，潛意識裡總有做給別人看的衝動，私密的性可不是妳的喜好，露臺那種敞開式的地方正是最適合妳的舞臺。

火柴裡的愛情祕密

拿一盒火柴，閉上眼睛從中隨意抽取一部分，然後數一下抽取的火柴是單數還是雙數，記住這個結果，然後再次將火柴放到一起，隨意抽取一部分，數出是單數還是雙數，這樣重複四次，將排列結果記下來，就能知道你最近在感情方面的運程。

【解答】

1、單單單單：戀情可以順利發展，感情與日俱增。

2、雙單單單：你對戀人管束得太緊，這樣可不好，記得千萬不要急躁，一味責怪對方，忍一時才能風平浪靜。

3、單雙單單：單身的你不妨主動一定，因為適合你的人就在身邊；對有另一半的人來說，小小的問題可能是導致分手的原因，學著體貼和關懷對方，才是解決問題的好方法。

4、單單雙單：意外的驚喜會突然降臨，桃花運會突然來到喔！有戀人的你則會和戀人的感情越來越好。

5、單單單雙：喜歡你的人出現了喔！要好好把握機會，不要再害羞了，主動追求你的幸福吧！

6、雙雙單單：你會贏得渴望的愛情，但記得要坦白的表達你的感情才行。

7、單雙雙單：單身的你愛情還未降臨，還需要等待。對有戀人的你來說，預料外的困擾不斷產生，你也許不得不忍受與情人分隔兩地的痛苦。

8、單單雙雙：兩人的感情會陷入危機，保持冷靜的頭腦面對問題，才是解決之道。

9、雙單單雙：如果有疑問就直接向他發問吧！把疑惑放在心裡只會讓你更煩惱。單身的人不妨接受安排好的相親。

10、雙單雙單：現在正是將朋友變成情人、情人變為家人的時候。單身的人能夠遇到理想的另一半；有過去的人也有可能和昔日情侶再度相逢。

11、單雙單雙：現在是最糟糕的時候，戀人的離去會讓你痛苦萬分，既然不能挽回，傷心也是無用。

12、雙雙雙單：戀愛中的你卻不覺得幸福，只感覺壓力，或許是對方的行為態度讓你覺得無法接受，正在猶豫是否要放棄這份感情。

13、單雙雙雙：現在的你充滿了魅力，會吸引很多異性的眼光。單身的你有很多機會遇上理想的對象，即使對方正在與別人交往，你也應該勇敢的挑戰；如果已經有戀人，那麼他（她）一定是你最好的選擇。

14、雙單雙雙：沒有戀愛的人不妨靜靜等待機會，配搭紅色的飾物可以帶來好運。戀愛的人要小心了，這段日子也許是彼此的感情遭逢最劇烈考驗的時候，因為情緒的起伏不定，小小的爭執也會演變成分手的慘劇。

15、雙雙單雙：單身的你有沒有發現自己的愛慕者就在身邊呢？拋開所謂的自尊吧！你會得到幸福的愛情。

16、雙雙雙雙：要小心你的戀人因為新目標的出現而變心，而重要的是不要將煩惱藏在心裡，就算感情落空也不要沮喪。

戀愛中的智商

有人覺得獅子座最聰明，有人覺得射手座最瀟脫，但是所有人一旦陷入愛情都會變笨變呆，再聰明的人也會頭腦發熱，那麼十二星座戀愛的時候又是怎麼個笨法呢？

【解答】

牡羊座：雖然聰明，卻從來對外表忠厚老實的人毫無抵抗力。只要對方看起來真誠可靠，牡羊座就會毫不懷疑的完全相信對方；就算起初有一點點的懷疑，也會在對方無辜的眼神和天真的語氣下徹底投降，甚至覺得是自己誤會了對方，於是就在這樣的情況下一再被騙。

金牛座：一旦戀愛就會全心投入，想要時時刻刻和對方黏在一起，這會讓他感覺很甜蜜，可是時間久了卻會讓對方覺得自己的自由被限制，於是越來越不在乎他，金牛座的行情也會越來越低了。

雙子座：很有責任心又很愛面子，戀愛時只要自己的經濟能力比對方強，就會負擔起兩人所有的開銷，承擔起所有的責任，也因此，雙子座往往會因為自身的好強弄到勞命傷財的地步。

巨蟹座：巨蟹座一旦愛上一個人就會將對方當做自己的家人般信任，就算發現對方有某些缺點，並不適合自己，還是會不斷地為對方掩飾，替對方說話。

獅子座：戀愛中的獅子座是盲目的，只要他愛上了對方，那就會認為對方完美無瑕，就算對方有什麼問題他也完全看不見，根本不知道自己選錯人。

處女座：挑剔是出了名的，要他看上一個人已經很不容易了，而就算動心了，他還是會再三地觀察對方，挑三揀四，結果把好的戀人都嚇跑了。

天秤座：喜歡融洽的感情關係，在戀愛中為了維持雙方的感情，他會主動配合遷就對方，變成對方喜歡的樣子，就算是要委屈自己做些不喜歡的事情也心甘情願，失去自我也在所不惜。

天蠍座：雖然天蠍座生性多疑，可是一旦談起戀愛就會非常感性，對另一半完全信任，只要對方說什麼他都會相信，如果遇上了不夠忠誠的戀人，恐怕會令他瘋狂。

射手座：雖然愛好自由，認為就算戀愛也要給對方同等的自由，可是一旦射手深愛上對方，他就會是無私奉獻的那個，完全不會爭取自己的權益，只會忍耐。

魔羯座：魔羯座個性低調、踏實肯幹，他不懂得說甜言蜜語，但只要對方想要什麼，他都會全力以赴為對方辦到，結果弄得兩人不像情侶而更像主僕。

水瓶座：總是覺得自己可以掌控愛情的進度與溫度，可是愛情這種事從來都是沒有道理可言的，有時事情常常出乎水瓶座的意料之外，使水瓶座聰明反被聰明誤，滿盤皆輸。

雙魚座：天性浪漫，對於愛情總是充滿了美好的想像，沉浸在愛情幻夢中的他，就算發現對方有些問題，也會裝作沒看到，告訴自己沒有什麼不對勁，兩人的愛情仍像往日那樣的美好，卻不知道自欺欺人永遠都不是解決問題的方法。

你的愛情能天長地久嗎？

每個人在感情中都會有患得患失的時候，特別是當感情進入平淡期，曾經的驚喜與感動越來越少，剩下的只是平淡的生活，就會開始迷惘，想知道自己和戀人的感情能不能天長地久，對方到底是不是你的真命天子，想知道，就在下面的五個選項中憑直覺選一項。

A、月夜，戀人花園中相會。

B、和合二仙。

C、嫦娥仙子。

D、觀音菩薩。

E、金銀滿屋。

【解答】

A、一對戀人緊緊相依，看似很和諧，你會覺得你們的感情已經相當穩定了，但實際上卻不是這樣。想像一下，兩人應該是在半夜的花園裡偷偷幽會，暗示你們之間還存在著一些問題，比如說你們的關係還未得到長輩的肯定，或是你的伴侶其實並不如看起來那麼忠貞，總之，還是先解決了這些會影響你們之間感情的問題再說吧！

B、和合二仙是傳說中主婚姻和合的神，所代表的正是親密而穩定的感情。你們之間的關係非常穩定，彼此還信守著最初的誓約，就算你們交往的時間再久，也不用擔心感情會變淡，因為你們的戀情一定會天長地久的。

C、人人都知道嫦娥，但月有陰晴圓缺，可見你對自己的感情狀況並不是很樂觀，雖然現在看起來你們的關係還不錯，而且擁有長期相處的經驗，但你卻對今後的生活沒有什麼自信，覺得未來是你難以掌握的。未來即使結婚了，也要給彼此一點自信，避免彼此的欺騙或隱瞞，另外，也要注意兩人會相隔兩地的問題。

D、選擇了觀音說明你和戀人之間一定能夠修成正果。不論你們之間有多少的問題，不論經歷了多少的風風雨雨，但你們彼此之間一直懷抱著堅定的感情，不離不棄，因此一定能夠獲得最終的幸福。

E、珍貴的寶物只在夢中出現了，意味你希望在未來能夠和對方步入結婚禮堂，但這個夢想顯然不容易實現。並不是對方不願意與你踏入結婚禮堂，而是這段時間他有更重要的事情，比如說事業正好遇到了瓶頸或者正在上升期，需要花費他最多的精力。所以，先壓制自己的夢想吧！和對方共同度過現在的日子，會讓你們的感情更加深厚，也就必然能迎來美好的未來。

小釘子給你愛情

準備一根小釘子，在早上出門的時候將釘子故意掉落在路上某處，關鍵是要記得釘子落在什麼地方喔！

【解答】

回家的時候，找到掉落的釘子，帶回家用清水洗乾淨，好好帶著身邊，它就會是你的愛情護身符了，因為魔法已經附在了釘子上，它會帶給你愛情和幸福。

但是如果回家的時候已經找不到釘子了，那就要小心了，因為這預示著你喜歡的人可能已經有心上人了，或者你與他會有糾紛或者三角關係產生。

不同血型性愛傾向

血型影響了我們的性格，也影響了我們的「性」格，瞭解了他的「性」格，能夠讓你們愛得更加甜蜜。

【解答】

（1）A型。

對付A型男的最大武器就是撒嬌了。如果在關鍵時刻對他說：「好棒啊！」一定會讓他陶醉，並且會不斷努力，使女性得到高潮。

A型男對A型女——非常適合的一對，不需太大努力，即可享受性的樂趣。當然，如果能夠給生活帶來一些變化會更好，偶爾上旅館約會一番，或在車上也可享受不同的性樂趣，總之，不要一成不變。

A型男對B型女——女方還是不要害羞或是假裝不懂，這樣會破壞兩人之間的氣氛，讓對方無法投入，如果能夠直率的接受他的愛情，試著多撒撒嬌，那麼他會變成令妳興奮的強壯男人。

A型男對O型女——對於非常自我抑制的A型男，女方應該採取大膽的態度，希望對方怎麼做都應該直接說出來，才能積極地享受性的樂趣，能配合得很好。

A型男與AB型女——如果兩個人都對性相當淡泊的話，也未嘗不可，但如果只是因為害羞而刻意壓抑的話，會讓男方產生「我們是不是不合適」的想法，要改變這個局面，需要女性採取大膽的撒嬌態度，這樣便可使自我壓抑的A型男敞開心扉。

（2）B型。

B型男喜歡享受開放的性生活，壓抑拘謹的性生活並不適合他，女性如果能夠率直地表現出自己的喜悅，就能夠享受幸福的婚姻生活。

B型男對A型女——單純就性的組合來說，兩人能夠享受快樂、充實的性生活，是很不錯的一對。但A型女自我意識較強，如果男方輕視性行為的話，那麼雙方則會因為焦躁而導致性生活失敗。

B型男對B型女——雙方對於性的次數與滿足度大體上還可以，但如果彼此能更加瞭解，性生活會更美好。

B型男對O型女——B型男是個情緒化的人，希望自己每次的性要求都能夠得到滿足，如果女方擁有母愛般偉大的愛，那麼B型男性便樂意運用各種體位變化與與愛撫技術使女性得到滿足。

B型男對AB型女——兩人很合適，但如果女方能夠體諒B型男的人性，試著更體貼的話，便能享受各種體位的樂趣。

（3）AB型。

AB型男是個嚴肅的性主義者，所以要與他配合並不是很難，而且AB型男多半對性都有潔癖，所以用自然的方式相處最能夠創造好氣氛。另外，還有不少的AB型男是有處女情節的喔！

AB型男對A型女——A型女在性行為中多半處於被動地位，會讓AB型男感覺很彆扭，沒辦法完全放鬆的享受性的樂趣，讓雙方都感覺焦躁與慾求不滿，因此A型女應該採取主動，技巧性的引導對方，才能享受真正的性愛。

AB型男對B型女——他是更為重視氣氛的類型，即使彼此不發生性關係，但只要能互相瞭解，也是好伴侶。而性行為方面時間較短，如果想享受充實的性生活，妳必須主動創造氣氛，引導他的配合，才能得到滿足。

AB型男對O型女——只要妳能夠積極的要求，那麼AB型男也會非常好的配合妳，給妳完美的性愛。但要小心AB型男的雙面性，如果讓他對性產生了過多的興趣，可能會變得風流喔！

AB型男對AB型女——這對組合對於性行為本身都不太關心，但配合度極高，只要對方有性方面的需求，都能夠非常好的配合，享受快樂的性生活。

（4）O型。

O型男人在性愛中也要處於領導地位，希望對方能夠依照自己的節奏享受愛情，而且他們在性愛中多半認真且細膩，能夠帶給對方美好的享受。

O型男對A型女——對保守的A型女來說，O型男在性方面熱烈又不失細膩，能讓她享受到激情但不失溫馨的魚水之歡；而A型女只要好好的展現自己的柔順體貼，就能讓O型男更為之沉醉。

O型男對B型女——B型女在性方面也是主動而熱情的，與剛柔並重的O型男非常合拍，能夠享受熱情又溫柔的性愛。

O型男對AB型女——AB型女性格平淡，有時候可能會讓對方覺得失望，所以試著主動一點，多表達自己的需求，會令你們更和諧。

O型男對O型女——O型男和O型女的配對應該是所有組合中最火辣的一對了，當感情升溫時，性愛會因為熱情而獲得極致的體驗，不過有時候試著遷就對方對你們來說是必要的。

撲克牌預測對方人品

遇見了你的心上人，但卻無法確定他（她）究竟是什麼樣的人，你們的感情前景又不明朗，想要給自己多點信心，就用撲克牌來預測一下。

占卜方法：

（1）準備一副撲克牌，去掉其中的大鬼，保留剩下的五十三張。

（2）將撲克牌洗好，取你們兩個的年齡之和的個位數，比如說對方27歲，你24歲，加起來就是51，那麼個位數就是1。然後將撲克牌中的第二張拿出來，放到一邊。

（3）重新洗牌，按照對方的年齡數出相對的撲克牌，然後拿出接下來的那張。也就是說如果對方27歲的話，拿出第28張牌，放到一邊。

（4）再次重新洗牌，按照上面的方法，取出你的年齡所對應的撲克牌。這三張牌就是能夠預測你愛情前途的提示牌了。

【解答】

小鬼：如果妳是女生的話，那麼恭喜妳，它代表「愛的勝利女神」已經站到妳這邊了，任何困難妳都可以克服，獲得幸福喔！

紅心：代表女性。紅心表示女性的性格、人品等方面，從2到K則表示對方出色的程度依次增加。

方塊：代表男性。方塊代表男性的性格、人品等方面，從2到K則表示對方出色的程度依次增加。

梅花：代表同情者。而從2到K則表示對你的支持程度依次增加。

黑桃：代表反對者。從2到K表示對你的反對程度依次增加。

如果你是男生的話，出現了紅心A，表示對方是你最理想的女朋友，但如果出現了方塊A，則表示你會出現強而有力的情敵。如果妳是女生的話，出現了方塊A，就表示對方是妳最理想的男朋友，但如果出現了紅心A，則表示妳會出現強而有力的情敵。

此外，如果牌中出現了黑桃Q的話，則表示有一個強烈反對你們的女性，而她很有可能是對方的家人，那你們的感情可能很難成了。

告白能成功嗎？銅錢知道

喜歡他卻不敢告白，又猜不透他是不是愛自己，不如先占卜一下自己的告白成功率，讓自己更有把握！

占卜方法：

準備一枚銅錢，閉上眼睛深呼吸，想著你想要告白的人的模樣，然後睜開眼睛將銅錢向空中丟上去，看落地後的銅錢是正面還是反面朝上。這樣重複三次，將結果記下來，對照下面的解釋。

【解答】

1、正／正／正——告白成功指數100%

現在正是你告白運勢的最高點，趕緊去向對方表白吧！無論有什麼阻礙都能夠迎刃而解，兩人將迅速墜入情網，享受甜蜜火熱的愛情。

2、正／正／反——告白成功指數90%

這個卦象說明對方其實也對你有感覺呢！現在正是告白的最佳時機，只要善於把握機會，營造氣氛，兩人會很快陷入熱戀，成為令人羨慕的鴛鴦伴侶。

3、正／反／反——告白成功指數40%

你的心情十分忐忑，一時覺得告白一定會成功，一時又覺得肯定會失敗，既然沒有把握，那就沉住氣，等待好時機，再做告白的打算。

4、正／反／正——告白成功指數80%

告白正是時機，但機會可是稍縱即逝的，若是能抓住機會，多運用一點熱情的手腕，便能成功將感情推進，但機會把握不好的話，那告白就會失敗。

5、反／反／反——告白成功指數60%

對方對你早有情意，但現在的感情程度還不到告白的時候，不如再耐心一點，繼續保持朋友的關係，讓時間增加你們的感情，待時機成熟，告白就可一舉成功。

6、反／反／正——告白成功指數30%

最近的告白運勢不佳，還是暫時忍耐吧！保持現有的關係，一切放輕鬆，反而會讓你們的感情更貼近，等到時機成熟，再來告白吧！

7、反／正／正——告白成功指數10%

或許你現在很有自信，覺得自己並非一廂情願，告白會成功，但恐怕你錯了，現在這個時機一旦你告白，將面臨拒絕的打擊。與其如此，不如靜待時機再行動。

8、反／正／反——告白成功指數0%

明知水深勿近，告白將會失敗，卻還是執意開口，最後落得挫敗難堪。奉勸你不要逞強，這一戰將會使你永遠失敗，再也不可能有機會，所以還是壓抑情緒，默默醞釀機會吧！

你的愛情路艱難嗎？

想知道妳的真命天子什麼時候出現嗎？妳和他究竟有沒有緣分呢？讓吉普賽人的撲克牌占卜法顯靈吧！

占卜方法：

（1）準備一副撲克牌，保留去掉大小鬼牌的五十二張。

（2）將撲克牌排成橫向的兩排，每排五張，下面再排三張牌，牌面全部朝上。

（3）將牌中每兩張數字和為十的牌拿走（不限於同花），而同花的10、J、Q、K也可以當做和為十點來計算，同樣拿走。

（4）用剩下的撲克牌填補拿走的牌，這樣不斷重複，直到撲克牌用完或者無法再填補為止，看看總共剩下多少張撲克牌。

【解答】

0～10張：覓得佳偶。

妳會得到生命中的忠實伴侶喔！對方會給妳一生一世的愛，對妳百分百的忠誠，讓妳享受到一生的幸福。如果剩下的牌是單數，那麼妳的真命天子是近來對妳表示好感的異性；如果剩下的牌是雙數，那麼妳的真命天子就是現在妳身邊的戀人。

11～20張：即將出現。

妳的眼光很好，喜歡上的人都是值得託付終生的對象，所以妳的戀愛基本上都能步入結婚殿堂，獲得幸福的生活。如果妳現在還沒有找到另一半的話也不必擔心，因為妳很快就會遇到命中註定的那一位了。

21～30張：耐心等待。

妳期待的婚姻暫時還沒有到來喔！但是要相信自己，雖然妳的情路比別人坎坷，妳真正的感情來臨的也比較晚，但只要妳耐心等待，那麼真愛就會到來。別想著一定要快快戀愛，急於找戀人，因為當真正的戀人出現之前，其他的人都不過是過眼雲煙而已，並不能帶給妳什麼。

30張以上：波折重重。

妳的感情路很辛苦，必須花費很多的精力才能找到戀人，而就算戀愛也過得非常辛苦，因為兩人的付出並不對等，常常會產生猜疑和誤會，使妳覺得疲累，覺得無法抓住戀人的心。如果妳覺得這段感情使妳

灰心，那麼要相信對方並不是妳在尋找的那個，真正的戀人還在等待妳的出現。

從未出牌：乏善可陳。

妳的戀愛總是失敗，找不到合適的對象，暗戀失敗、被人拋棄，對方對妳不忠，戀愛經歷總是苦多於甜。不論妳現在有沒有戀人，最要緊是懂得帶眼識人，遇人不淑才是妳最大的噩夢。

妳會是姐弟戀的一員嗎？

身為女人，妳一定有想像過妳的戀情吧！他是成熟穩重的，還是幽默風趣的？不過妳有沒有想過，妳也許會來一場意料之外的姐弟戀？想知道有這個可能嗎？不妨用塔羅牌占卜一下。讓妳的直覺為妳在下面的牌中任意選擇一張。

A、教皇

B、愚人

C、情侶

D、皇后

【解答】

A、妳是個傳統的小女人，習慣於男性佔主導地位的傳統模式，希望對方比妳大，能夠給妳安全感。同時妳更希望自己的感情得到家人和朋友的支持與祝福，所以妳是不會放任自己來一段姐弟戀的。

B、基本上妳是不會發生姐弟戀這種事的，而且這種戀愛模式根本不適合妳。或許妳偶然來了這麼一段，但這段戀情的作用恰恰是告訴妳，妳還是選擇比自己年長的男人比較適合。

C、妳發生姐弟戀的可能性取決於妳的年齡，認定感覺對了才能戀愛的妳會不斷追求真正的愛情。所以，如果隨著年歲漸長妳依然沒有找到合意的戀人的話，那妳姐弟戀的可能性就會越來越高喔！一旦妳投入到姐弟戀當中，就會愛得轟轟烈烈，而不會視其為一種壓力。

D、妳天生的開朗性格會讓他人覺得妳有如大姐姐般可靠，所以妳很容易吸引小男生的喜歡。不要再煩惱為什麼妳一向不能吸引比妳大的男性了，要是註定妳要來一段姐弟戀的話，何不坦然的接受它呢？要相信妳的感情是會修成正果的。

你會被爛桃花纏身嗎？

雖然人人都希望自己桃花旺盛，但桃花這種東西有好也有壞，它可以給你帶來好人緣，可是有時候糾纏你的人多了，反而會讓人覺得煩惱。也許你知道自己的桃花旺不旺，但你想不想知道你的爛桃花指數高不高呢？

占卜方法：

從下列6個撲克牌組合中，憑直覺挑選出你最喜歡的一組。

A、黑桃8、方塊3、梅花4

B、梅花4、黑桃6、紅心8

C、紅心3、梅花6、方塊5

D、方塊A、紅心9、黑桃Q

E、梅花7、紅心Q、黑桃3

F、梅花K、紅心6、黑桃5

【解答】

A、爛桃花指數5分。

你其實極度缺乏安全感，內心雖然嚮往愛情，卻因為害怕而不敢主動表達，就算桃花來臨，你也會極力掩飾內心的激動與真實情感，繼續保持一種若即若離的態度，沒研究清楚絕不輕易出手。因為你不會主動去招惹不必要的麻煩，而將大部分的心思都放在了自己的家庭和事業上，這樣的你很難有爛桃花。

B、爛桃花指數30分。

你性格單純，感性而溫柔，甚至有點自閉，容易陷入單戀之中，太多的桃花對你來說恐怕只有危險，畢竟你適應不了太複雜的感情生活。如果不能確定結果，還是謹慎一點，多試探一下，為自己找一個有安全感的戀人，一對一的戀愛模式比較適合單純的你。

C、爛桃花指數50分。

你其實非常性感，因此異性緣一向很好，而且你外冷內熱，一旦產生感情便如火山爆發般不可抑制，將所有的熱情都投注到對方身上，不惜動用一切手段去討對方歡心。但是，你的感情來得快也去得快，精神上的外遇容易轉變成肉體外遇，對你而言，感情只是增加你生命色彩的潤滑劑，一旦失去了感覺，你會毫不猶豫的放棄。

D、爛桃花指數90分。

你奉行一見鍾情的愛情模式，喜歡令你心跳加快的感情，完全讓感性支配你的行為，因此只要有桃花來敲門，你就會毫不猶豫的接受，進度快得令人瞠目結舌。只是，對於愛情的期待讓你無暇去分辨這桃花是好是壞，也許你不過想玩一場曖昧的逢場作戲，但卻耗費了大量的時間和精力，甚至讓你將感情也深陷其中。

E、爛桃花指數100分。

你樂觀浪漫，感情豐富，行動力強，朋友滿天下。你嚮往自由，但又不想浪費青春，只要感覺對了立刻表白，會有和對方廝守終生的衝動，但偏偏又三分鐘熱度，過段時間又開始猶豫。而且你總是分不清友情和愛情，迷迷糊糊沒頭蒼蠅似的亂撞，到處放電，弄得身邊人產生誤會，結果為自己引來一堆的爛桃花，偏偏你還認為做不成情人還可以做朋友，弄出一堆爛攤子無人收拾，真是爛桃花製造場！

F、爛桃花指數70分。

你是個自我主義者，在感情上寧可我負人，不可人負我，因此往往容易欠下感情債。你用情不夠專一，總是喜歡同時與多位異性交往，可是偏偏桃花又十分旺盛，結果只能害更多的人傷心。你的爛桃花多半來自於你的過往情人，別因為放縱了自己的感情而弄得感情上爛帳太多，小心感情債主來討債。

你的分手情商高嗎？

熱戀中的情人也許表現得都非常相似，不過，到了分手的時刻就會看出不同來了。那麼，十二星座遇到分手的時候又會有怎麼的表現呢？

【解答】

牡羊座：分手EQ一向比較差，誰讓他那麼愛面子呢？若是被對方提出分手，他必定要難過好一陣子，自尊心大大受損。所以，如果要和牡羊座的人分手，必須在言語、在行動上都顧及對方的尊嚴才是。

金牛座：戀情是以信任為基礎的，如果戀人有劈腿、背叛的不忠行為，會讓他痛哭流涕、氣惱萬分，無法接受。可惜金牛座的耳根也很軟，只要對方在他面前痛哭流涕的表示懺悔，說兩句好話，他就可以原諒對方，舊情復燃。

雙子座：從來都不願意直接面對殘酷的現實，若是知道了對方想要分手的打算，他會乾脆突然消失，避免被人家當面提起的尷尬，就好像鴕鳥將頭埋在沙子裡，就以為可以當這件事沒有發生過一樣。

巨蟹座：是很難乾脆起來的人，所以對於分手他也常常後悔。如果他先提出分手，那麼他會在說出口之後開始後悔、自責，甚至想去和對方道歉，挽回這段感情。因此，巨蟹座常常陷入分分合合的窘境，很難真正的和對方分手。

獅子座：十二星座裡的獅子座是最最愛面子的，對他來說面子比生命還重要。這樣的獅子座是絕對不會死纏爛打的。因此如果對方提出分手，他會毫不猶豫的答應，並且擺出一副若無其事的樣子，甚至如果他早就發現對方有分手的想法之後，他會搶先提出分手的要求，以免顏面盡失。

處女座：一旦到了要分手的時候會異常冷靜，幾乎到了絕情的地步。基本上處女座會提出分手是因為對方有許多許多他無法接受的小毛病，而忍耐的程度到了他無法接受的時候，他就會要求分開，分手的時候他會列舉對方種種的缺點，來證實自己提出分手的合理性，讓對方很受傷。

天秤座：戀愛高手天秤座就算是分手也希望能處理得漂亮，為了保護自己，也為了不傷害對方的，他們通常不會說出真正分手的原因。但是，如果對方仍舊糾纏不已，弄得難看的話，天秤座就會毫不猶豫地遠走，避免糾纏。

天蠍座：冷漠的天蠍座向來敢愛敢恨，是愛情殺手級的人物。如果天蠍座想分手，他會立刻翻臉不認人，毫不留情的掉頭就走；如果是對方背叛了自己，那麼最痛恨背叛的天蠍座會想盡辦法報復對方。

射手座：是個樂天派，會自動在腦海中刪除一切不快樂的記憶，包括分手的回憶，所以，如果他被對方提出分手的要求，幾乎不必考慮就會爽快的答應，然後迅速遺忘，很快就能重新投入到下一段戀情中去。

魔羯座：深沉內斂，思慮周詳，如果他提出分手，必然是盤算了很久，經過了深思熟慮後才下的決定，是無法挽回這段感情了的。如果是對方提出分手，那麼魔羯座會平靜的答應，其實誰也不知道內心深處他受了多少的傷害。

水瓶座：善於療傷，雖然他會為戀情的結束傷心，但這段時間不會太長，只要不去想這段戀情，他就能在很短的時間內結束傷痛，自我康復。

雙魚座：感情動物的雙魚座處理分手的狀況也太過感性。溫柔的雙魚座很難主動提出分手，就算他已經清楚的知道對方不適合自己；而就算雙魚座主動提出了分手，只要對方苦苦哀求，他也會因為不忍而回心轉意，結果將自己的感情生活弄得複雜又麻煩。此外，雙魚座很難抵抗新的戀情，所以很容易產生劈腿的衝動喔！

05

嚦咕嚦咕，手到擒來——

工作學業一把罩

你的成功祕訣是什麼

要在社會上生存，需要有能力，這些能力可能是某種技能，可能是某種行為方式，也可能是某種本能，那麼十二星座想要在社會上生存下去，依靠的都是哪種能力呢？

【解答】

（1）牡羊座——血性

牡羊座是個依靠本性生活的人，充滿著積極向上的生命力。他們不怕失敗，也從不灰心失望，憑藉著一身是膽的勇氣和永遠都用不完的精力，牡羊座能夠輕鬆掌握生存的技能和做人的門道，在社會上橫衝直撞，創出屬於自己的一片天。不過，因為正直單純的天性，牡羊座在面對社會骯髒消極的一面時，很容易變得憤世嫉俗，久而久之可能會把自己封閉起來。

（2）金牛座——自我

金牛座是個自我的星座，這裡的自我是說，金牛座的人一向都不理其他的事，而只是安靜的開拓屬於自己的領域，他們不會參與任何是非，不去干涉別人的事，倔強而自我的為自己的幸福和財富而努力奮鬥。他們雖然知道社會上的種種不公，但卻能夠容忍這樣的存在，獨自過著屬於自己的生活。

（3）雙子座——精明

雙子座是最能適應社會的精明人了，他會不斷地吸收資訊並依據這些資訊調整自己的行為，他接受的資訊不光是市場行情、政治動盪這類消息，還包括身邊人各式各樣的需求和喜好，並根據這些資訊討好身邊人，贏得對方的喜愛，進而保證自己生活得如魚得水。當然，這樣的生活是否讓他覺得開心，那就要問雙子座自己了。

（4）巨蟹座——堅強

聰明和寬厚給了巨蟹座生存的基礎，而只要有了堅強，就能讓巨蟹座成為一個成功的人。看過了社會上黑暗上的那一面，巨蟹座只能拋棄自己偶爾的脆弱，逼迫自己狠一點、再狠一點，這樣才不會被人欺負，爭取到屬於自己的權益。

（5）獅子座——魄力

獅子座缺乏未雨綢繆的準備能力，容易讓自己陷入困境，因此獅子座在社會上發展的好壞和身處的環境時局關係密切，有時候非常順利，有時又困難重重。獅子座一向都很慵懶，可是一旦有什麼狀況逼迫他們爆發，他們就會立刻發揮出令人意想不到的能量，做到一般人做不到的事，讓人刮目相看。

（6）處女座——技術

處女座的人在社會上通常都過得不錯，因為他們往往都是有著一技之長的人。其他的發展方法處女座一向都沒有太大的興趣，也因他們的個性所限很難達到，所以處女座能夠依靠的，就只有自己過人的技術。這種沒沒無聞的生活方式也許是很多人都不甘願的，但對處女座來說，卻能給他們成功的滿足感。

（7）天秤座——環境

天秤座最大的優點就是給自己創造一個良好的發展環境，就算沒有這樣的環境，他也能夠為自己打造出一個來，創造出了這樣天時、地利、人和的環境，他就可以好好的讓自己努力下去，一步步發展起來了。如果沒有相對的優渥環境，天秤座的處境會比較艱難，只能依靠自己知足常樂的心理來獲取滿足了。

（8）天蠍座——能力

天蠍座從來都不在乎讓自己立足或成功這類事，他只是最大能量的活著，需要什麼也無所謂，不必擔心，因為他有能力。能力就是天蠍座最大的靠山，能夠讓他輕鬆獲取自己想要的東西，當然，能力也正是在社會上生存最需要的基本能力了。所以只要不被命運牽絆的話，天蠍座應該是發展得最好的人，因為他不在乎，所以沒有壓力。

（9）射手座——運氣

樂觀和運氣是射手座成功的兩大法寶。雖然射手座非常天真，有時還有些盲目，但他們卻總是義無反顧，不顧別人的譏笑，一心去做自己的事，何況射手座一向都有旁人都不及的好運氣，不管採取什麼樣的方式，他總是能夠歪打正著、糊裡糊塗的成功。其實射手座的心思是很清明的，只是他會覺得這樣隨意的生活會比較舒服。

（10）魔羯座——實力

魔羯座達到成功的方法是最困難也最吃力的——實力，他依靠的是不斷的累積、信念、技巧、堅持不懈的心態等等，所有不可缺少的因素，經過艱苦的努力來達到自己想要的成功。當然，這樣的生活可能非常辛苦，是其他人所不能忍受的，但卻正是魔羯座所選擇的方式。

（11）水瓶座——技巧

水瓶座不喜歡一成不變的奮鬥方式，他喜歡用技巧來為自己省力，如果可以走捷徑的時候當然選擇捷徑，但如果該踏踏實實做事的時候他也絕不會偷懶，這是水瓶座最聰明的地方。只不過，技巧運用的太多，追求的變化太多，也會讓水瓶座覺得不夠安定也無法滿足。

（12）雙魚座——靈感

靈感能夠讓困難的事情變得簡單，讓無聊的事情變得有趣，但靈感不是人人都有，也不是時時都有的，可是它偏偏是屬於雙魚座的優勢，是上天給雙魚的眷顧。靈感能夠創造出的東西太多了，它能夠給雙魚座輕鬆且與眾不同的財富。當然，捉摸不定的靈感會讓雙魚座成為過得最美好的那一個，也可能會成為最慘的那一個喔！

顏色透露你適合的工作

對於顏色的喜好可以看出一個人的性格，而一個人的性格則決定了他在今後生活中的種種選擇，想知道自己適合哪種工作，從你喜歡的顏色中就可以看出來。

【解答】

（1）紅色。

紅色代表著熱情、衝動的生存本能，擁有著驚人的爆發力和與眾不同的吸引力。熱愛紅色的你活潑樂觀，從來不隱藏自己的企圖，對於自己感興趣的東西總是勢在必得。銷售之類的業務工作很適合你，因為報酬和工作量息息相關，會讓你保持高度的熱情和動力，而且你一向能夠很直接表達自己的意圖，有必要時還會帶著一點強迫性，所以在銷售方面的成交能量比別人強得多。此外，喜歡紅色的人肌肉發達，擁有過人的爆發力，一些需要大量體能的工作也很適合，比如健身教練、運動員、消防員之類。擁有無限能量和強烈的表達慾望的紅色，同樣喜歡在眾人的目光中展現自己的魅力，因此也很有成為明星的潛力。

（2）橙色。

溫暖的橙色總是帶給人如沐春風的感覺，而橙色的你也是一樣，能夠帶給人歡樂和溫暖，所以你很適合從事人際關係方面的工作。就算是初次見面，你也可以和對方建立起良好的關係，對於別人的不和，你也能夠輕鬆的居中調停，和諧彼此的關係。你向來有處理複雜的人事關係的能力，又能夠給別人帶來歡樂，很適合從事公關、服務行業。

（3）黃色。

你聰明自信，很有自己的想法，也很善於從事情中看出不同的內容，總是能看見別人看不見的問題，提出別人想不到的解決方案，因此寫作、企劃之類的工作很適合你。不過你的聰明也容易讓你自大，所以你只願意選擇那些能夠讓你擁有足夠自我空間，可以任意發揮才華的工作，此外黃色也代表金錢，所以能賺錢的工作才是你的首選。作家、記者、廣告公司文案、企劃最適合你。

（4）綠色。

綠色是大自然的顏色，代表著自然的生命力，充滿活力和愛心，最勇敢也最大膽。喜歡綠色的人很為他人著想，樂意為他人服務，在朋友中是大家都選擇做為傾訴心事的對象，而在社會上也適合從事那些愛心慈善性質的工作，比如環保、社會慈善工作等。另外，綠色還是心臟的顏色，代表勇於冒險的勇氣和能夠面對一切挫折的自信，擁有強大的能量，使你能夠跳脫各種限制，勇敢追求自己的目標，能夠成為成功的商人，再加上你良好的人際關係，能為自己吸引到各路貴人相助，更輕鬆的獲取財富。而且，這種泰山崩於前而色不變的能力，在局勢瞬息萬變的股票市場十分有利，能夠幫助你輕鬆獲利，所以投資理財的工作也很適合你。另外，喜歡綠色的你如果喜歡花草，也可以從事園藝方面的工作。

（5）藍色。

喜歡藍色的你理性沉靜，頭腦清晰，富於邏輯性，擅長領導統御，能夠輕鬆看到問題的本質，並找出相對的解決辦法，具有天生的權威性，能夠讓人服從，很適合擔任管理者的角色。喜歡藍色的人擅長溝通，講話脈絡清晰，切中要點，能夠將複雜的事情解釋得簡單明瞭，所以講師、發言人的工作也很適合。另外，藍色的人理性但比較保守，可以從事科研方面的工作，也可以擔任比較固定的機關方面的工作。

（6）粉紅。

粉紅色充滿了浪漫而柔美的美麗，帶給人愉快而輕鬆的感覺，令人不由自主被你的魅力所吸引。粉紅色的你對於美麗的事物有著天生的感召力，所有和美麗有關，能夠增添女性魅力的工作都很適合，從模特兒到百貨公司的專櫃小姐，從服裝設計師到美容師，只要和美麗相關，都是適合粉紅色你的工作。另外，粉紅色還代表著親切的、無條件的愛，所以你很擅長照顧人，令人覺得親切，所以兒童教育和幼兒看護方面的工作也都很合適。粉紅色也代表了音樂，你可能對於音樂有著天賦的才華，從演唱到樂器演奏都是很不錯的選擇。

（7）紫色。

紫色永遠都充滿著神祕、夢幻的色彩，令人聯想到未知的神祕，是代表夢幻的色彩。喜歡紫色的人通常都有著優於常人的靈感，能夠在腦海中編織出美麗的畫面，並將之投射在現實生活中，成為出色的藝術家，所以從文藝、繪畫到戲劇等方面的工作都很適合紫色的人。此外紫色的人對宗教有著特別的興趣，且有著神祕的通靈能力，能夠與異世界溝通，所以投身於宗教團體，或者從事占卜師之類的工作的也很多。不過，紫色的人行動力不強，容易沉醉於自己腦海中編織出的美麗夢幻中，卻忘記了自己生活在現實的世界裡，如果能夠將自己的夢想投射到現實世界，將虛幻的想像變作現實，才能實現自己的事業。

（8）紫紅色。

喜歡紫紅色的你做事仔細，行動謹慎，具有很強的分析和歸納能力，做事井井有條，很善於處理各種細節問題，行動力頗強。認真仔細的紫紅色人很適合從事行政、會計方面的工作，因為他們總是能周到的考慮到各方面的問題，將事情都規劃好，基本上不會出紕漏，自己開店做生意，比如開些咖啡店之類的也很適合。紫紅色的人多半手很巧，在手工方面很有天分，也很適合做一些手工藝方面的創作，比如飾品、小型雕刻等。另外，紫紅色的人非常體貼，樂於付出，總是主動地照顧別人，也很適合從事祕書、總管方面的工作。當然，只要你學會多做事少抱怨，不要隨意發洩你的不滿，會讓你更受歡迎。

（9）藍綠色。

喜歡藍綠色的你特立獨行，有著過人的才華，愛好自由，不願意受束縛，但有時會令人覺得太過驕傲。你適合需要創意的工作，能夠發揮你天才般的才華，創造出令人讚嘆的成果。此外，不願意受約束的你也更適合選擇那些不用限制上班方式的工作，不刻意要求朝九晚五的工作時間讓你覺得自由，也更能發揮你的創造力。所以，科技方面的新興產業很適合你，因為你擁有別人比不上的創新能力；藝術設計方面的工作也是好的選擇，因為你總是有很多新的想法；媒體行業的工作也不錯，比如廣告公司、電視臺和報紙等等。總之，只要能夠讓你在不被限制的條件下發揮你的才華就行了。當然，要成功你首先還要學會認真一點，不要覺得什麼都是可以隨意的。

（10）白色。

白色代表著純淨聖潔，如同纖細敏感的靈魂，單純而寧靜，具有令人平靜的能量。喜歡白色的人對於他人的情緒有著感同身受的能力，能夠深切體會到別人的痛苦和哀傷，產生共鳴，並懷抱著慈悲善良的心去慰藉對方，希望能夠給予他人安慰，而這正是宗教中人所從事的工作。另外，醫護人員往往會著白衫，也是因為白色所帶來的寧靜安神的作用，所以喜歡白色的你可以從事這方面的工作。白色也代表了純淨和簡單，可見你的性格單純，不喜歡複雜的東西，會自然地避開某些充滿負面能量的人和事，所以跟身心淨化有關的工作也很適合你。

流年數字占卜工作運

世界變得好快，也不知道什麼時候經濟危機就席捲而來，讓大家岌岌可危，這種時候越發要未雨綢繆，想知道自己今年的工作運勢如何，試試用流年數字來占卜一下。

占卜方法：

將今年的年分數字和自己出生月日的數字相加，加到個位數為止，這就是你的流年數字。比如說今年是2009年，你的生日是2月17日，那麼2＋0＋0＋9＋2＋1＋7＝21，2＋1＝3，那流年數字就為3。

【解答】

流年生日數字為1：看起來似乎有很多的工作機會，但其實事情沒有那麼順利，沒有一個工作能夠談得成功。

流年生日數字為2：身邊的親友會介紹一些工作給你，因為有人的引薦，所以就業的機率還是很高的。

流年生日數字為3：可以選擇的工作機會很多，這個時候不妨大膽一點，嘗試一下業務方面的工作，也許會有意想不到的收穫喔！

流年生日數字為4：先確定你的目標吧！多留意就業的相關資訊，做好面試的一切準備，那麼當工作機會到來的時候，你就能輕鬆抓住了。

流年生日數字為5：先別忙著找工作了，毫無頭緒地到處亂撞並不是好辦法，不如試著提升自己，進修一下，會讓你今後的求職之路更好走。

流年生日數字為6：是不是覺得目前的工作不太合你的心意，但又不敢輕易離開？其實沒有必要勉強自己，嘗試一下其他類型的工作，也許會讓你找到你終生的事業。

流年生日數字為7：有時候太過執著反而會讓你陷入死胡同裡去，無心插柳柳成蔭，也許最適合你的工作會在你意料之外來臨。

流年生日數字為8：你可以找到一份非常適合你的工作，能夠學以致用，並且獲得很不錯的成績，甚至還可以考慮自立門戶。

流年生日數字為9：雖然暫時之間沒有合意的工作，但希望其實就在不遠的未來。讓自己的心沉穩下來，會讓你有更多的收穫。

給十二星座的社交忠告

人際交往是我們所有人都不能避免的社會活動，如果處理得當，它能夠為我們的生活提供助力，但如果處理得不好，卻是會阻礙我們的發展的。那麼，十二星座該如何處理自己的人際關係呢？

【解答】

牡羊座：反省一下自己的言行吧！是否有因為太過堅持己見而惹人反感了，學著多尊重別人的意見，才是與人相處之道。

金牛座：個性溫和，所以人緣一向不錯，但如果真的激怒了他，金牛座會忽然爆發，大發雷霆，但是這樣的發洩管道可不是好方法。如果覺得情緒難以控制，還是先找個方法讓自己冷靜一下吧！

雙子座：不能忍受任何的束縛，永遠都在追求變化，甚至於戀人之間的兩人世界都會讓你覺得太過單調，你還是適合在人群中和大家打成一片，而且因為你的活躍，你的人緣相當不錯。

巨蟹座：就如同螃蟹一樣有著堅硬的外殼和柔軟的內心，他們很懂得保護自己不受傷害，但依靠的方法卻是將自己困在蟹殼裡，因此巨蟹座往往無法懂得如何擴展自己的交際圈。

獅子座：開朗、豪氣，就算是初次見面的人也能夠很輕易地交談，並熟絡起來，所以非常容易交朋友。但是獅子座太容易相信別人，要小心被欺騙，甚至被利用。

處女座：完美主義者的處女座神經敏感，對任何事情都很在意，因此容易吹毛求疵，讓人受不了。如果能夠學著寬容一點，不要太過一絲不苟，會讓你更受歡迎。

天秤座：聰明外向，能言善道，是當之無愧的社交高手，常擔任人與人之間溝通的橋樑。只不過巧言令色鮮矣仁，把握好尺度才不會讓人覺得你浮誇。

天蠍座：天性冷酷的天蠍座在初次交往時總給人不易相處的印象，但這其實只是因為他不善於表現自己罷了，如果遇到個性投契的朋友，天蠍座是非常珍視友誼的。如果能夠試著放低身段，多對人微笑的話，會改變別人對你冷漠的誤解，不妨嘗試一下。

射手座：是個好交朋友的星座，只是「相識滿天下，知音有幾人」，有時候朋友貴精不貴多，再多的酒肉朋友也比不上一個真心對待你，能夠在困難時提點你、幫助你的真朋友，還不如縮小交際圈，多交幾個肯對你說真心話的朋友。

魔羯座：你性格寬容，能夠接受所有不同的意見和不同個性的人，所以你的人際關係一向很好，而且在人際交往中你也比較有精神，會小心翼翼的保護自己。

水瓶座：如果能限制一下自己凡事講求理性的個性，對待他人寬容一點，不要自命不凡，別太過苛責他人，那麼與別人相處的時候你會更受歡迎，試著用感性一點的眼光看世界，會讓你欣賞到更多的好風景。

雙魚座：總是很顧及他人的想法，有時也會因此而不敢表白自己的立場，其實這樣只會讓你自己難受。另外，雙魚座的個性太過單純，容易輕信他人，很容易受到欺騙。

選擇你的職場搭檔

俗話說「一個好漢三個幫」，在職場中也是一樣，要有好的助手和同事才能建立起良好運轉的事業，想知道你應該選擇什麼樣的職場同伴，又或者你該如何配合你的上司，從血型中就能窺見一二。

【解答】

A型

A型人有著很強的安定個性，能夠穩定的建立起自己的基礎，可是一旦面臨危機，完美主義的他就會給部下施加壓力，導致人人緊張不已，最後產生叛逆心理。當然，只要A型能夠預見並注意到造成危機的因素並採取相對的措施，就能有效的預防危機。

AB型人應該是A型人的最好同伴，他柔中有剛，非常值得信賴，其合理主義的個性氣質能夠適當的輔助A型人。除此之外，B型的人也能輔助A型主管。而對O型人而言，如果兩人的想法和精神狀況都比較一致的話，O型人能夠輕鬆地瞭解到對方的想法和動機，而且兩人一個著眼於小處，一個則關注大的方面，因此他們會是一對完美的夥伴。但是，如果A型人是主管，O型人是下屬的話，很容易產生危機，A型人注重細節，但O型人卻施行著整體企業的管理行為，這種權責上的倒置，必然會造成爭執和不滿。如果兩人意見相左，形成對立，則雙方都會堅持己見，因為不會坦白自己的想法，最後會開始一場曠日持久的明爭暗鬥，其結果必然是分道揚鑣。

B型

B型人很有主見，對他來說，關心自我的行為和動機，總是要先於他對社會的野心。B型主管中，很多人都是靠上級或長輩的賞識來加以提撥，然後才嶄露頭角的，因此，B型人想要充分施展自己的才華，必須要有人庇護。另外，B型人太過現實，所以不重視理論工作，考慮不夠周詳，喜歡過多地表現個人行為，所以他非常需要好的參謀和助手。好的助手能夠成為他和其他人溝通的橋樑，避免他過於任性的行為，也可以彌補B型人不專心和有時候對事情毫不在乎的心態。

其他血型都很適合做為B型人的助手和同事。同為B型人來輔佐的話，可以說兩人氣味相投，想法一致，非常契合。如果是A型的助手，那麼對進攻型或是策劃者的B型人來說，他就是最好的守成者和宣傳者。如果是AB型的助手，那麼他能夠支持B型人各種的想法，並冷靜的給予支援。如果是O型輔佐他，那麼O型的助手會將B型人自由且富於變化的構思，整理成可操作的實在事物，並能將他的想法傳達給其他人，積極的激勵大家，將大家團結起來，朝著目標前進。

當然，同時必須小心各種負面性格的影響：B型人可能扯你的後腿；A型人可能會因B型主管沒有原則而憤然離去；AB型助手可能會對你的失誤表現得非常冷漠；O型助手可能會圖謀結黨奪權。所以一定要挑選好自己的助手，小心眾叛親離的情形出現。

AB型

最適合輔助AB型的是B型的人。AB型人事事都要求合理性，因此對於不合理的社會現象和習俗都非常不接受，進而導致情緒上的波折，而B型人對於這些價值觀和規則都不在意，反而能給AB型人支持和開導。此外，如果彼此之間因為有距離而反而覺得對方有魅力並互相體諒的話，AB型的主管和O型的人也非常搭配，而且可以維持一個很久很安定的關係。

但是，AB型的主管和A型助手並不適合，還是A型主管和AB型助手比較相配。而AB型和AB型的搭配則很難保持長久，除非經由人為的努力加以保持。

O型

O型人和B型人一樣，都是很需要幫手的人，因為他們都是「個人行動派」，需要團體行動的好參謀。O型人總是埋頭拼命工作，因此很容易忽視周圍人的意見，而且O型人對權力和地位有很強烈的慾望，過於袒護「自己人」，一旦處理不當就會造成麻煩。

最適合O型人的合作者是B型和AB型的人。B型人的才華能夠得到

O型的器重，並加以發揮；AB型人冷靜的個性則可以彌補O型人熱情太過，有時無法控制的毛病，他們能夠互相吸取對方的優點，恰到好處的配合。此外，A型人也可以和O型人搭配，因為A型人會看護O型人，O型的人在陣前衝鋒，A型的人則是參謀，攻守兼備，能夠給人安全感。如果與同為O型的人搭配，能夠對目標產生共同意識，彼此緊密結合。

但是，A型人可能會對O型人強制性的態度和自行其是的行為感到不滿；而同為O型的人如果年齡、實力相當的話，合作關係很可能會演變成權力鬥爭。

你是工作狂嗎？

（1）假設你的眼前有一杯水，你認為裡面裝了多少水？

一點點——接Q6

滿滿的——接Q2

（2）你更喜歡在哪裡看日出？

山上——接Q8

海邊——接Q3

（3）下面的字母你喜歡哪一個？

M——接Q8

Q——接Q4

（4）當你煩惱時，能夠找到兩個以上可以訴苦的好朋友？

是——接Q10

否——接Q11

（5）你的皮夾中放有自己的名片？

是——接Q9

否——接Q7

（6）看到一對情侶在飯店門口，你覺得他們是：

剛進去——接Q5

剛出來——接Q7

（7）你喜歡打麻將或其他賭博性的遊戲？

是——接Q9

否——接Q10

（8）如果有一個星期的時間必須變成一種動物，你會選擇哪一種？

狐狸——接Q7

小白兔——接Q4

（9）在開會時，你會明確表示自己的反對意見嗎？

是——接Q12

否——接Q13

（10）坐捷運時被踩了一腳，你會踩回去嗎？

是——接Q13

否——接Q14

（11）當你聽到有人批評你的公司或上司時你會生氣嗎？

是——接Q14

否——接Q15

（12）你是宿命論者？

是——A類型

否——B類型

（13）你會去打小鋼珠？

是——B類型

否——C類型

（14）你喜歡什麼顏色的衣服？

白色——D類型

白色以外的顏色——接Q15

（15）如果有位很靈的算命師叫你改名，你會改名嗎？

是——E類型

否——D類型

【解答】

A類型：工作狂指數90%

你是個十足的工作狂，一工作就停不下來，幾乎沒有休息的時候。因為毅力十足，又能夠踏踏實實的做事，所以你總能克服一個又一個的困難，獲得不錯的成就。但是，將所有的精力都放在工作上會讓你錯過人生中其他的樂趣，成為別人眼中刻板無趣的人，所以有時候不妨讓自己輕鬆一下，放下工作，享受人生。

B類型：工作狂指數70%

你對任何事情都很有興趣，所以交到你手中的工作你都會去努力完成，這讓你看起來非常的積極主動。再加上你在工作之外也很善於玩樂，所以在公司的人緣相當好，能夠輕鬆登上領導之位，是部屬眼中出色的上司。不過要記得多給家人點時間，不要讓工作影響了你的生活。

C類型：工作狂指數50%

工作對你來說只是保障生活的必要手段，你為了收入而工作，雖然希望薪水越來越豐厚，但你是不會為了工作犧牲生命中其他的樂趣的。你更傾向於按時上下班的生活，把閒餘時間拿來做自己的事，你也不可忘飛黃騰達，只要能夠安定快樂就好了。當然，如果你能夠更有耐心一點會更好，而基本上大部分人都是這個類型。

D類型：工作狂指數40%

你是個非常情緒化的人，心情左右了你對待工作的態度，如果心情好的時候幹勁十足，加班熬夜也毫無怨言；可是如果心情不好，就算是八小時的上班時間也會讓你覺得憋悶。收拾起自己的情緒吧！把心情帶到工作中去會讓人覺得你太孩子氣，對你的事業有害無益。

E類型：工作狂指數30%

工作對你實在沒什麼吸引力，要不是為了生活才不要工作呢！最好當然是不用工作，可以天天玩才好。每每當你工作一段時間之後，你就要給自己放個假，所以換工作換得相當頻繁。只是這樣的生活年輕時還無所謂，如果老了還這樣，吃虧的可是自己。

星座血型決定你的職業

出生日期決定了我們的星座，而星座又影響了我們的命盤，給予我們各種不同的性格，同樣地，血型和星座一樣，從出生起就伴隨我們一生，影響了我們一生的生活，那麼，當星座碰上血型時，會培養出什麼樣性格的人，這樣的性格又將決定你如何去選擇適合自己的工作呢？

【解答】

（1）牡羊座。

A型牡羊座——牡羊座衝動熱情，A型卻安定內斂，這本身就是兩種互相衝突的性格，而在大部分的A型牡羊座人身上，呈現出來的都是安靜穩重的那一面，但不要以為他就是這樣的人，其實在他的內心，是很討厭一成不變的沉悶生活的。所以太過無趣的工作是不適合A型牡羊座人的，他其實需要活潑一點的工作，但太複雜的工作牡羊座也不善於處理，因此教師、護士、營業員、出納等可以與人交往，但又沒有太大壓力的工作比較適合A型牡羊。

B型牡羊座——B型的牡羊座性格外向開朗、勇於冒險，又沒有什麼權力慾，很適合外向型拓展性的工作，比如銷售人員、保險代理、地產經紀之類的工作。但B型牡羊座性格衝動，粗枝大葉，是必須要克服的毛病。

AB型牡羊座——如果可以用牡羊座的熱情彌補AB型的距離感與冷漠感，或以AB型的客觀冷靜來消除牡羊人衝動的性格，將AB型的理性溫和與牡羊的真誠勇敢結合，會是很好的銷售、公關、協調人員、導遊等等。

O型牡羊座——這個血型星座的組合極具勇氣與活力，自信活躍，很容易給人留下深刻的印象，因此適合那些外向型的工作，比如銷售、公關、企業事務等與人打交道的拓展性工作，同時也適合做演員等表現性強的工作。

（2）金牛座。

A型金牛座——A型的金牛座人繼承了金牛座安定沉穩的個性，極富耐心，對金錢又十分敏感，但A型的金牛座不善於交際，不喜與人交往，所以適合單純一點的融資財務方面的工作，比如會計、銀行職員或證券公司職員之類。

B型金牛座——B型的金牛座比其他的金牛座性格隨意，如果能夠將金牛人特有的感官靈敏或藝術方面的天賦，與B型隨心所欲的創造力相結合，那麼就能發揮其天生的長處，像廚師、調香師、調酒師、作曲家、歌唱家、舞蹈家等工作都是不錯的選擇。

AB型金牛座——AB型的金牛座性格溫和，行事低調，雖然沒有太大的權力慾，但因為世故客觀，處事沉穩可靠，所以很適合從事和商業有關的工作，當然，如果能在輕鬆的氣氛中工作也更適合，比如客戶服務、投資諮詢、經紀人等工作。此外，如果能夠發揮金牛座在美食或藝術方面的天賦，像演員、廚師之類也不錯。

O型金牛座——O型的金牛座往往都在某一方面很有特長，又有著很強的事業型，因此很早就可以在某些特殊的領域建立起自己的事業；不過O型金牛座性格固執，不喜歡聽從別人的意見，所以不適合在別人的領導下工作，而藝術文化、歌手、作家等方面比較適合他。

（3）雙子座。

A型雙子座——A型雙子座兼具知性與理性，既有雙子座善於傳播資訊的能力，又有A型人理性安定的特質，所以對很多工作都能夠認真踏實的做好。但是因為雙子座對於各種新知有著極強的吸收能力，又有很好的創新能力，所以很適合從事新興產業或創意方面的工作，比如科技企業、網站設計或者文案創作方面的工作。

B型雙子座——B型的雙子座開朗活潑，辦事能力強，反應敏捷，口才極佳，喜歡追求新鮮的東西，討厭循規蹈矩的工作模式，熱愛刺激和挑戰，因此具有創意和不斷變換的工作環境才能讓他投入，比如記者、銷售、創意人員、主持人、播音員、市場策劃、公關人員、導遊等。

AB型雙子座——AB型雙子座冷靜理性，但也有幽默的一面，處世靈活，很容易和他人建立良好的關係，所以與人溝通或服務性強的工作很適合你。但是AB型人很容易疲倦，雙子座又是腦部活動發達的類型，所以需要消耗大量體力的勞動不適合AB型雙子座。

O型雙子座——O型的雙子座靈活冷靜，想法又多，也善於與各類人打交道，適合市場策劃、公關或人力資源之類的工作。不過O型雙子座年輕時性格不定，對工作容易厭倦，喜歡不斷地換工作，所以如果選擇與流行和時尚有關的行業，比較能夠維持新鮮感，適合O型雙子座。

（4）巨蟹座。

A型巨蟹座——A型巨蟹座人個性傳統而保守，循規蹈矩，無論什麼工作他都會努力去做好，但因為A型巨蟹座性格敏感壓抑，如果工作的環境太過複雜的話會讓他覺得壓力太大，所以簡單而快樂的工作環境比較適合A型巨蟹座。文案管理、技術人員、一般管理人員、祕書和家庭主婦等工作比較適合，而如果能夠掌握一門專業技術會讓A型巨蟹座感覺更輕鬆。

B型巨蟹座——B型的巨蟹座親切熱心，樂於助人，喜歡照顧人，就算是覺得不好的工作也會努力適應，雖然有時容易情緒化，但自己還能控制情緒，消除自己的心理壓力。比較適合從事照顧人的工作，比如後勤經理、兒科醫生、幼兒教師、心理諮詢師福利、慈善機構工作人員等。

AB型巨蟹座——AB型的巨蟹人個性細膩，勤奮上進，很希望獲得他人的肯定，感覺敏銳，善於察言觀色，適合能夠發揮其靈敏性和精打細算的特性的工作，比如財務人員、活動策劃、市場推廣等。

O型巨蟹座——O型的巨蟹座個性細膩，行事周到，性格低調，所以不善於發揮自己的長處，但如果是一對一的模式，則能夠發揮出自己的特長，所以O型巨蟹座適合做投資分析、心理諮詢類、社會福利類、技術類等工作。

（5）獅子座。

A型獅子座——A型的獅子座有著獅子座強烈的表現慾和控制慾，同時也有著A型人的高貴氣質，是會出大明星的一個星座血型組合喔！A型獅子座適合從事管理方面的工作，能夠讓他們滿足自身的控制慾，也很完美的管理好下屬，另外時尚設計師的工作也很適合A型獅子座。

B型獅子座——B型的獅子座熱情大方、勇敢無畏，樂於付出，有很強的表現慾，希望得到眾人的肯定，但容易急躁、略欠耐性，所以需要認真仔細的職業不太適合B型的獅子座，而內向型的工作也不太適合。像飛行員、空姐、導遊、消防員、救生員、銷售人員、娛樂節目主持人等工作比較適合。

AB型獅子座——AB型的獅子座充滿魅力，給人權威感但又不冷漠，令人信賴。AB型的獅子座對事業有著極大的慾望，嚴於律己，很適合領導性的職位，比如經理、經營者、實業家、議員等。另外，獅子座強烈的表現慾使之也很適合從事演藝方面的工作。

O型獅子座——O型的獅子座個性強勢，領導欲強烈，再加上非常的自信，又有自己的主張，言出必行，因此很適合管理型的工作，銷售經理、部門主管、政治家、導演等工作都很適合，而自己創業也是非常不錯的選擇。

（6）處女座。

A型處女座——A型的處女座敏感謹慎，很少出錯，性格又很沉穩，但不夠外向，只有在熟悉的環境中才能發揮出自己的能力，所以從事與文字、知識相關的行業會比較容易做出成績，比如統計員、文員、測量員、研究員、文字校對等工作。少轉換職業以及避免拓展性的外向型工作比較好。

B型處女座——B型的處女座會比其他處女座活潑，但同時又欠缺了點處女座認真謹慎的個性，不過總體而言，B型的處女座還是很有服務精神的人，只要能讓處女座的勤奮個性壓過B型的慵懶天性，就能夠為自己的未來找到方向。

服務員、營業員、空姐、護士、慈善或福利機構的職員等，都很適合B型的處女座。

AB型處女座——AB型處女座的你，最好是選擇可以用自己冷靜的分析力，以及富於理性、知性的工作，而且最重要的先決條件，是要能夠獨立作業。適合你的職業有經理、稅務員、會計師、銀行職員、秘書等。但最好是選擇需要動腦的工作，如翻譯、通訊、速記者、評論家、製作人等，都能有所發展。AB型的人大都能兼顧副業，不妨找些有興趣的工作，相信必能有意外的收穫。

O型處女座——O型的處女座是比較好的管理者，能夠堅定的執行上司的意見和策略，工作認真細膩，但略欠靈活和變通性，基本上在任何職位都可以做得不錯。相對而言，O型處女座更適合做為一個貫徹者和執行者，像文員、部門主管、公司經理、採購等工作比較適合。

（7）天秤座。

A型天秤座——A型天秤座溫和謙讓，也是天秤座中最勤奮的那一個，他很在乎別人的看法，希望能夠得到所有人的認同，因此會很努力的學習，學習相關的知識，但因為個性溫和被動，所以不太適合領導性的工作，適合的職業有教師、工程師、會計、文員、護士、翻譯、美容師、藥劑師等。

B型天秤座——B型的天秤座多才多藝，口才好，善於交際，很適合做外交人員、業務人員、營業員、接待員等和人交流的工作。此外，如果能夠將天秤在藝術方面的天賦與B型的感性和直覺性結合，那麼演員和藝術家也是不錯的選擇。

AB型天秤座——AB型的天秤座風度優雅，氣質溫和，社交手段靈活，能夠協調眾人的關係，因此很適合那些需要集體合作性質的工作，比如貿易公司、公關代表、接待員、大使、外交官、調解委員等，而且利用你與生俱來的美感，有助於你在事業上的成就。

O型天秤座——O型的天秤座是很好的管理者，考慮事情非常周到，也能夠平衡各種關係，起到很好的溝通作用。起初可以選擇銷售、公關、助理，導遊之類的工作，之後可以往管理層發展。

（8）天蠍座。

A型天蠍座——A型的天蠍座有敏銳的感受力和較強的預見性，遇事深思熟慮、自我要求很高，但卻不善於表達自己，因此很適合做幕後的策劃人才，適合的職業有算命師、公司助理、培訓師、心理諮詢師、攝影師等。

B型天蠍座——B型的天蠍座直覺甚強，如果能夠讓B型的活潑與親和力消除天蠍座天生的冷漠感的話，對今後工作非常有好處。B型天蠍座適合的工作很廣泛，只要能夠克制自己衝動的情緒，基本上大部分工作都很適合。

AB型天蠍座——AB型的天蠍座有強烈的責任感，能夠堅持自己的夢想，一旦找到自己喜歡的方向，就能夠成為該行業的佼佼者，適合的工作有商人、科學家、學者、IT業技術人員、心理學家等。不過因為天蠍的冷漠和距離感，不適合從事與人溝通的工作。

O型天蠍座——O型的天蠍座有著很強的洞察力和直覺，又有很好的管理和執行能力，適合做人力資源、行政管理、醫生之類的工作。年輕時候工作很努力，非常珍惜機會，因此大部分的工作都很適合，累積了經驗之後可以嘗試自己創業。

（9）射手座。

A型射手座——A型的射手座外表看似安靜，其實內心活潑好動，不喜歡沉悶的工作，希望自己的工作能夠隨意活動，最討厭整天坐在辦公室，所以像營業員、司機等工作都比較適合。

B型射手座——B型的射手座活力十足，善於交際，有較強的獨立拓展能力，但生性活潑，不喜歡受約束，自由而又能增長見聞，可以到處跑來跑去的工作最適合他們了。船員、導遊、時尚買手、記者、空姐、機長、司機等工作，最合B型射手座的要求，而銷售之類需要耐性的工作則不太適合。

AB型射手座——AB型合理冷靜的特質與射手人衝動熱情的個性有衝突，但如果能夠用射手座的熱情來彌補AB型有欠親和力的性格，用AB型的仔細和圓滑來彌補射手的粗心馬虎，能夠讓AB型射手座形成良好的個性。AB型和射手座都具有優秀的哲學觀和人生觀，所以應該可以成為優秀的哲學家或教育家。

O型射手座——O型的射手座興趣廣泛，善於交際溝通，做事效率極高，可以從事公關、銷售、助理之類的工作。但是O型射手座性急缺乏耐心，又不願吃苦，再加上愛好太多，起初往往很難找到自己發展的方向，如果能夠理順自己的想法，耐心一點，才會有更大的發展。

（10）魔羯座。

A型魔羯座——A型魔羯座性格謹慎本分，吃苦耐勞，就算工作枯燥也能夠耐心的面對，但沒有創新和突破能力，所以不善於自己創業，卻是個勤勤懇懇的好員工。適合的職業有會計師、審計員、園丁、員警、政府公務員、醫生、律師等。

B型魔羯座——B型人有慵懶、不喜拘束的特性，偏偏魔羯座有著強烈的上進心，兩種性格的衝突會讓B型魔羯座有些迷惘，但經過社會的歷練之後，魔羯座的勤奮個性會佔上風，加上性格中的靈活性，會讓他在事業上有所成就。建築師、政治家、技術工人、房產或地產經紀、運動員等很適合B型魔羯座。

AB型魔羯座——AB型的魔羯座低調、謹慎、含蓄，對於事業的慾望並不是很大，而喜歡專注於自己喜歡的領域，是順從踏實的員工。這樣的魔羯座適合的工作很多，尤其以內向型的工作為佳。另外AB型人浪漫的個性，也能幫助魔羯座在諸如創作、設計等方面的工作做出成績。

O型魔羯座——勤奮的魔羯座一向將工作放在第一位，加上O型帶來的熱情和勇氣，使得O型魔羯座無論做什麼工作都可以發揮出色。不過年輕時的O型魔羯容易遭到比一般人更多的磨練，等年齡漸長可以獲得豐厚的回報，所以那些辛苦但會有豐厚回報的工作比較適合O型魔羯座，比如企業管理、投資諮詢、律師、醫生等。

（11）水瓶座。

A型水瓶座——A型的水瓶座有著水瓶人天賦的靈性，又有A型的安定性，他們有著非常強大的創新能力，總是能夠有新的想法，因此很適合技術研發方面的工作，再加上A型水瓶座人性格比較溫和，沒有太大的權力慾，所以從事技術方面的工作，遠離管理類職位會比較適合，像IT工程師、技術研發人員、廣告創意、學術研究等都不錯。

B型水瓶座——B型的水瓶座非常聰明，興趣廣泛，創意獨特，反應敏捷，也很善於與人交往溝通，是很好的企劃、設計、創意人員，但最好能在自由發展的環境中工作。適合的工作有：廣告創意、編劇、市場推廣、攝影師、室內設計師等。

AB型水瓶座——AB型的水瓶座頭腦冷靜、愛好廣泛，個性隨和，但易喜新厭舊，變化較多。AB型的水瓶座講究公平正義，富有責任感，也很注重環保，因此環保人員、公益宣傳、教育家、法官、檢查官、偵探、發明家等都是適合的職業。

O型水瓶座——O型水瓶座個性活躍，創意十足，善於接受新的想法，能夠給周圍人創造出可以自由發揮的環境，又能夠整合各方意見，是受人歡迎的領導者，適合做IT產品研發或其他創意團隊的負責人。

（12）雙魚座。

A型雙魚座——A型雙魚座的個性柔順低調，不喜競爭，雙魚座天生豐富的內心情感世界會給予他文學和藝術方面的天賦，而A型的踏實穩重又能將這些靈感轉化為實際的創造，所以A型雙魚座很適合作家、詩人、哲學家、宗教傳播者等工作。

B型雙魚座——B型雙魚座年輕時多半比較迷糊，也不喜歡思考，往往要在年齡較長以後才會明白自己究竟喜歡的是什麼，所以選擇先學習各種知識充實自己是最好的方法，擁有一技之長才能保障B型雙魚座的事業。加上性格柔弱，他不適合過於外向的工作，慈善福利機構職員、教師、詩人、西點師傅、攝影師、編劇等比較適合。

AB型雙魚座——AB型的雙魚座人個性柔順，多愁善感、喜幻想但又有著冷靜的一面，適合從事與藝術、創作有關的自由度較大的工作，比如演員、作家、編劇、海洋生物學家、服裝設計師等。

O型雙魚座——O型雙魚座愛心豐盈，待人熱心，細膩周到，不在乎物質享受，很有服務和犧牲精神，適合祕書、服務員、慈善工作者、宗教行業、寵物行業等工作。

失業了，該如何振作

每個人都難免有遭受挫折和失敗的時候，同樣地，每個人也都又調適心情、克服困難的方法。當面臨失業打擊的時候，各個名宮主星應該如何讓自己從沮喪中振作起來呢？

【解答】

（1）紫微星。

失業之後的紫微星看起來似乎沒有什麼變化，實際上卻是很在乎的。如果有人直接問他有關工作的事，他會覺得你是故意觸動他的傷口，傷了他的自尊心，會讓他很傷心不滿的喔！所以，面對失業的紫微星還是閉嘴不問的好。對紫微星而言，他會壓抑自己的沮喪，用學習來填補他所不足的專業知識，或是寄情於書本，藉以調適自己的心情。久而久之，紫微星會放棄自己從不向人低頭的驕傲，開始迎合他人，以獲得工作上的成果。

（2）武曲星。

武曲星性格剛強，直來直往，失業的時候雖然會努力讓自己振作，但還是難以避免煩躁的情緒，不時就會爆發一下，發洩自己的怨氣。不過身為武曲星，還是會積極尋找讓自己振作的方法，並認真思考自己未來的人生方向。在迷惘的時候他會選擇宗教信仰來支持自己度過這段時間，一旦得到精神上的力量，他就會充滿勇氣，連以前不敢做的事情也有勇氣去做，這時候或許會柳暗花明，獲得意外的收穫。

（3）廉貞星。

充滿戰鬥力的廉貞星，就算失業也會壓抑自己的痛苦，繼續奮鬥，只有在夜半無人之時，才會流露出一點孤立無援的悲苦。不過，廉貞星是不會被失業打倒的，他會努力的學習新知識，不斷提升自己，抓住接下來的每一個機會，為將來的新工作做好準備。而一旦他重新踏入職場，會比以前更出色。

（4）天府星。

面對失業的天府星會好好理清當下的狀況，安撫好自己混亂的心，思考未來的方向。天府星不會因為失業太過心慌，他懂得在經濟上開源節流，相信自己只要努力，工作很快就會找上門了，因為他會用自信的生活態度來面對失業的問題。而且，只要有足夠的力量，天府星能夠給予一個同樣的失業者信心，帶領他走出困境，就算要耗費不少的精力，天府星也是很樂意為人付出的。

（5）天相星。

樂天的天相星就算失業了還是會維持平日的樣子，每天打扮得光鮮亮麗出現在別人面前，談笑風生，讓你覺得他一點事也沒有，實際是人前歡笑人後愁。不過天相星的人不會因此而失去鬥志，他會利用失業的時間來充實自己，補充自己沒有的知識和技能，當重新工作的時候，就能展現出一個更加出色的天相星。

（6）七殺星。

七殺星衝勁十足，一旦失業便會大受打擊，往日的鬥志也被摧毀。不過這樣的日子不會很長，七殺星很快便會體認到這樣的日子不能再繼續下去，否則會讓自己陷入更悽慘的境地，所以他會很快振作起來，重新燃起鬥志。而且在這段時間內，七殺星會學會堅強和更多的謀略，懂得更好的抓住時機，只要有新的機會，就能開始新的奮鬥。

（7）破軍星。

失業的破軍星簡直是從高峰跌到谷底，他會覺得曾經那麼風光受人注目的自己，一下子卻變成無業遊民，實在難以接受。而且破軍星多疑的個性還會讓他覺得朋友的關心是在故意刺激他。所以失業時，破軍星會選擇獨自承受痛苦，藉由宗教的力量得到啟示，等創傷痊癒之際，也就是破軍星恢復自信之時，此時的他會為自己製造工作機會，讓自己回到以前那個風光的破軍。

（8）貪狼星。

理想主義者的貪狼星失業時會嫉妒心大盛，面對身邊有份安穩工作的人，會隱藏一份嫉妒，但這份嫉妒的心會給他奮鬥的力量和信念，使他盡快從痛苦之中擺脫出來。他會去思索人生的許多道理，藉由這些道理體會人生的起伏，警惕自己不能重蹈覆轍，學習新的人生觀，在今後的工作中更好的表現自己。

（9）太陽星。

失業對熱力四射的太陽星來說無疑就是烏雲罩頂，失去工作的他光芒漸失，覺得生活也失去了樂趣。不過，他還是會耐住性子，學著堅強的生活，好好思考自己的弱點，改掉自己的問題，做好重回職場的一切準備。他會讓你感覺他隨時在做最好的準備，準備接受大家給他的掌聲，因為他會害怕生活在沒有表現的日子中，而使他的太陽光失去光芒。

（10）巨門星。

好學的巨門星就算失業也不會忘記學習，而失業的打擊反而更能激起他強烈的學習慾望。不過，也因為巨門星的個性有些反覆無常，所以他會分析自身的優勢和弱點，嘗試各種新的工作，或許會創立屬於自己的事業，或許會嘗試一個人工作的感覺，依靠自己的獨特的眼光和自信，他會找出真正屬於自己的人生之路。

（11）太陰星。

看似和緩的太陰星實際上頗有些急躁，在失業的初期，他並不著急，而是會好好的休息一陣，或者學點東西，放鬆自己的心情，但很快他就會煩躁起來，不知道自己的未來該往哪方面走，像個無頭蒼蠅到處亂撞。不過太陰星會藉由一些哲學或是玄學的東西，來釋放心裡的壓力，等他從哲理中找到答案，心情也會好轉些，這時只要有工作他都不會拒絕，而且會做得很自在、快樂。

（12）天梁星。

失業的天梁星就算心中不快，也會在人前裝作若無其事。不過聰敏的天梁星對於失業一點也不會緊張，因為他很清楚，急是沒有用的，他會想清楚當時的情況，好好的尋找新的工作機會。就算一時找不到工作，他還是會接受事實，等待新的機會。另外，天梁星非常善於變通，能夠改變自己來適應沒有工作的日子。

（13）天機星。

腦筋靈活的天機星在失業的日子裡也不會讓自己沉淪在痛苦中，他會加強學習專業知識，或是領悟有關玄學或哲學的道理來沉澱心靈。有時他會因別人的一句話而開始鑽牛角尖，但他很快就會學著克服別人言語帶來的刺激，更積極地培養實力，當他完全領悟其中道理時，他將東山再起，展現出一個全新的天機星。

（14）天同星。

天同星可是很有惰性的，遇上失業就當放假，給自己一個休息的假期。但是如果這個假期太長，天同星就會開始慌張了，此時的他會盡快讓自己奮發，為自己充電，學習新的技藝，在學習的過程中，讓煩悶的心得以釋放，他會找回真正的自己，重新成為那個樂天知足的天同星。

十二星座職場忠告

有時候，個性是我們事業前進的加油站，但有時候它卻會變成我們發展的路障，想要在職場上橫掃千軍，先聽聽對十二星座的職場忠告吧！

【解答】

牡羊座：對牡羊座而言，夢想比天大，為了實現自己的夢想，牡羊可以付出自己的一切，就算錢財散盡、身敗名裂也在所不惜。其實，任何時候夢想都是需要現實支持的，為自己的夢想多做點實際的打算，才是正確的選擇。

金牛座：天生就具有才藝上的能力，所以只要專心發揮自己的天賦，就能有很好的發展。不過金牛座一向有點杞人憂天的毛病，做事時總是擔心這擔心那，其實只要專心做好自己的事就夠了。

雙子座：才華出眾，能力又強，無論做什麼都可以做得很好，但是卻沒有一樣特別成功，其實如果能夠專心於某一件事會更好。所以建議雙子座走量少質精的路線，會更突出。

巨蟹座：非常謹慎，但有時候謹慎太過頭，每一個提議他都會想很久，非常害怕做錯事，造成不必要的損失，結果白白錯失了不少的機會。其實，有時候大膽一點，反而會有所突破。

獅子座：總是很驕傲地說，事情太小他不屑於做，其實他並不是瞧不起，而是不敢去做，可是如果看到別人把這件事做得很好，他又會不開心，認為自己去做可以做得更好。永遠不要為自己找藉口！勇敢去做才是最好的選擇。

處女座：沒有安全感，就算手上已經有了許多，還是會想著我要再多一個才好，這樣才更有保證，其實有時候給自己太多負擔反而會讓事情變得難以處理，學著看遠一點，有自信一點，會過得更舒心。

天秤座：太講究完美，總希望把事情做得滴水不漏，將所有人都照顧到，但其實事情永遠不可能面面俱到，所以請放輕鬆，不要太苛求自己。

天蠍座：永遠都覺得做事只要有能力就夠了，其實人際關係往往是職場中很重要乃至是決定性的因素，而天蠍座偏偏總是看起來很高傲又不好相處，不懂得和周圍人好好相處，於是在長久的職業生涯中總是覺得滯礙難行。所以，想要在職場上成功，除了專業的知識素養之外，人和也很重要。

射手座：總是看得很長遠，許多人沒有想到的東西他早就想到了，而且已經開始著手去做了。但目標太多就會模糊了工作焦點。學會腳踏實地，先抓住眼前的事，做好今天的每一件事，有時候比給自己訂立一個大目標更有效率。

魔羯座：對於工作的態度非常認真，可是就因為太認真了，所以總是那麼嚴肅，那麼緊張，其實放輕鬆點，有時候喘口氣，魔羯座的表現會更優秀。

水瓶座：對水瓶座而言，能夠讓他自由發揮創意的工作才是最適合的工作，只要有你的創意所在，就會是你最愛的工作。不過如果這個工作讓你感覺約束，成為了你的束縛，你就可以考慮換工作了。

雙魚座：對什麼事情都要操心，擔心的東西很多，所以要忙的事情也很多，其實花費了太多的精力在周邊的事情上，只會浪費時間和精力，少管一點閒事，集中精力去攻克關鍵的目標，那麼會更有成就。

你在公司讓人討厭嗎？

基本上，每個人的工作都是需要團隊合作才能完成，也因此，與同事的接觸和摩擦是在所難免的，要保持工作的順利，就要和同事合作無間，彼此信任，想知道在同事眼中你是討人喜歡還是讓人討厭的嗎？

占卜方法：

從下列的撲克牌組合中憑直覺挑選出你最喜歡的那組。

A、黑桃K、梅花3、方塊7

B、紅心9、方塊6、黑桃9

C、紅心Q、梅花4、方塊8

D、方塊Q、黑桃8、紅心5

E、黑桃3、方塊4、梅花5

F、方塊A、紅心J、黑桃7

【解答】

A：惹人厭指數90時

你事業心很強，但採用的方法卻太過急切了一點，總是忙著巴結上司，希望能夠獲得加薪或升職的機會，卻忽略了與同事們保持良好的關係，因此讓人覺得你太過功利，會惹來不少的閒言閒語。其實你很有長輩緣，如果能夠保持低調，眼光別顧著往上看，以謙虛有禮的態度對待同事，就能擁有極好的辦公室人緣了。

B：惹人厭指數75%

你做事積極主動，樂於面對挑戰，就算失敗了也不會灰心，而依然保持旺盛的戰鬥力。但你的衝動總是會留下一大堆的爛攤子，讓你的同事不得不幫你善後，老是惹出麻煩，給同事們帶來更繁重的工作量，會讓大家對你心生不滿。學著辦事仔細一點，將事情處理得周全，才是為人處事的正確態度。

C：惹人厭指數10%

你天生個性溫和，不喜與人爭執，很容易相處，你總是保持著要對人友好的想法，對人和善，從不說人壞話，因此很受同事們的歡迎，也能夠幫其他人調解彼此的關係。而且你並沒有太大的事業野心，對你而言工作只是保障生存的必要方式，所以你不會和同事競爭什麼，也就不容易令人反感了。

D：惹人厭指數35%

你處事精明，凡事都精打細算，事情總是辦得滴水不漏，不過你總是覺得做事只要做就好，因此往往只是埋頭做事，而從來不說什麼，有功勞也不搶，被誤會了也不主動澄清，結果反而讓人覺得你心懷鬼胎，甚至會有小人爭搶你的功勞。另外，你一旦緊張或事情做得不好的時候，就會心情煩躁，而且所有的情緒都擺在臉上，讓同事誤會你是對他們有意見，不敢和你太過親近。

E：惹人厭指數65%

你個性好強，愛面子，凡事都不服輸，對於自己的目的一定要達到，什麼都要搶贏，又喜歡直接表達自己的意見，對於任何事都可以當面批評，就算是覺得上司做的不對也敢直接反駁。於是同事一方面不喜歡你的咄咄逼人，一方面又怕和你太近了之後影響自己在上司心目中的影響，往往對你避而遠之。建議你還是放下身段，少說多做，凡事多思量。

F：惹人厭指數50%

你個性自我，固執堅決，凡事想到什麼就做什麼，完全不去想別人會怎麼看，所以在工作時經常會忽略整體的協調，引起同事的不滿。而且你比較情緒外露，一旦承受了壓力或感覺委屈，就會把所有的不滿都掛在臉上，也影響到其他人的心情，令人反感。學會處事委婉一點，態度溫和一點，心裡不要只想著自己，會讓你的生活更順利。

考試前，塔羅一下吧！

要考試了，想知道自己這次的考試順利與否，就讓塔羅牌來告訴你。

占卜方法：

準備好二十二張大阿爾卡納，將牌背面朝下洗好，疊好橫向放置；將牌按順時針的方向從橫向轉為豎向放置。如是為他人占卜，則按逆時針方向旋轉；將牌均勻的打開成彩虹狀，從中抽取一張翻開，這張牌就能夠預示你的考試運了。

【解答】

0號牌：愚者

正位——最近你的學習能力很強，雖然態度不是很認真，卻是一學就會。但是在考試方面，心情會影響你的考試發揮，成績很難穩定。

逆位——你是不是太過自信了，覺得自己成績已經很好，所以再也不肯用功，結果陰溝裡翻船，考試成績與你的預期相差很多。

1號牌：魔術師

正位——你的學習能力很強，尤其是理解能力很好，所以考試時總是很順利。就算是其他的比賽，也會有好成績。

逆位——你總是不肯下苦工去學習，只想找到取巧的方法，考試的時候也是一樣，希望能夠用輕鬆的方法獲得高分，但結果可能不如你想的那麼好喔！

2號牌：女教皇

正位——你總是能夠認真學習，平日的累積到了考試這個關鍵時候就能派上用場了，所以考試時你胸有成竹，學到了的東西都能得到良好的發揮，考試成績自然也就能保持水準了。

逆位——太多的事情讓你分心，使你總是難以安靜下來好好讀書，結果到了考試的時候你才發現，你學過的東西差不多都忘記了。

3號牌：皇后

正位——對於學習你總是抱著很輕鬆的態度，不會給自己太大的壓力，所以考試時你總是能保持原有的水準，就算不是太優秀，但也不會差。

逆位——你實在太懶散了，過多的玩樂幾乎佔據了你所有的時間，讓你無法好好讀書，就是考試時也漫不經心的，成績怎麼可能理想呢！

4號牌：皇帝

正位——你自我要求嚴格，總是希望自己能做到最好，所以非常努力，考試前更是投注了百分之兩百的精力，所以在每一個科目上都表現出色。

逆位——你其實很努力，但因為沒有掌握到方法，收效總是很小，弄得你自己也沒有了信心，考試時也就很難達到期望的目標。

5號牌：教皇

正位——只要你肯虛心學習，老師會很喜歡你的，也很樂意為你指點迷津，得到老師的幫助，你的考試成績一定會很不錯。

逆位——你還不夠用功，所以在考試成績上表現得也不盡如人意，老師也可能會覺得你不是個積極的學生。

6號牌：戀人

正位——一個人讀書對你來說太過孤單乏味了，只有和朋友們一起讀書，你才會比較投入。考試上雖然不會有太突出的表現，但總是能維持一定的水準。

逆位——吸引你注意力的東西太多了，特別是人際交往，會佔據你大部分的時候，沒有時間分配給讀書，考試成績自然退步了。

7號牌：戰車

正位——暫時先將其他的事情放下，為自己訂立一個目標，就能讓你下定決心，好好的朝自己的目標奮鬥，堅持到底，考試自然沒問題。

逆位——你似乎太過急躁了，總是希望自己能夠盡快看到成果，卻無法安下心來讀書，如果能調適自己的心情，靜下心來，那麼考試還是沒問題的。

8號牌：力量

正位——一直堅持著百分百努力的你現在可以收穫了，對於考試你充滿自信，因為你知道自己做得很好，而考試也不會辜負你的，你的表現會非常精彩喔！

逆位——現在的你感覺精力不足，雖然有心讀書，卻總是無法提起精神來，考試也會發揮失常，連原有的成績都無法維持。

9號牌：隱者

正位——現在的你總是一個人默默努力，能夠很好的吸收知識，雖然你並沒有想要很好的表現，但你的考試成績還是會出色喔！

逆位——你很希望在考試上有好的表現，但越是這樣就越發無法靜下心來讀書，雖然能力足夠，但卻不夠專心，在考試上也就無法令人滿意了。

10號牌：命運之輪

正位——在讀書的過程中常常能獲得意外的幫助，讓你輕鬆進入狀態，就算是考試時也會有意外的好運，讓你獲得超過你能力的成績。

逆位——讀書的時候並不順利，總是該記得的地方沒有記住，或是重要的地方卻被你忽略了，考試的時候也會因為預料之外的影響使你發揮失常。

11號牌：正義

正位——你現在的學習方式和心態都非常好，只要堅持下去，就能夠獲得不小的成果，考試的時候也能表現正常，發揮出自己全部的實力。

逆位——你似乎沒有把精力都放在讀書上喔！想要同時做好幾件事太難了一點，你還不善於在這麼多事情之間求得平衡，所以考試成績也無法讓你滿意了。

12號牌：吊人

正位——只要你能夠花費盡可能多時間在讀書上，投入足夠的精力，就能獲得成果。因為你的努力，幾乎所有的科目都會表現得不錯。

逆位——你並不願意花費太多的時間精力在讀書上，但又清楚的知道不這樣的話是不可能有好成績的，所以心情上會顯得有點煩躁，結果考試表現也不太理想。

13號牌：死神

正位——你不是不努力，但收效甚微，對於新的知識你總是很難理解，這也讓你產生了放棄的念頭，心情陷入低潮，考試成績也是你最差的時候。

逆位——雖然之前所有的上課你都沒有投入，但此時如果能重新來過，好好努力，那麼還是來得及的，考試上也會有起色喔！

14號牌：節制

正位——長時間的努力終於到了可以收穫成果的時候，實力的增加讓你的考試表現越來越出色，獲得中等以上的成績是沒問題的。

逆位——你對於讀書總是缺乏耐心，好不容易下定決心要好好學習，過不了多久又開始懈怠了，這樣子的態度怎麼可能有好的成績呢！考試時要記得注意時間的分配，不然會影響到成績。

15號牌：惡魔

正位——其實你並不是不想讀書，只是你討厭埋頭苦學，希望能有更輕鬆的方式獲得所要的成績，不過可千萬不要想著用些小動作來幫助自己考出好成績喔！

逆位——過了這麼久懶散的生活，你終於開始覺醒了，有了要好好讀書的念頭，雖然讀書是辛苦的，但一切都是值得的，只是考試的時候可能沒有你期望的那麼好喔！

16號牌：塔

正位——你很努力，花費了相當多的精力努力讀書，準備的非常充分，可是偏偏考試當天會發生一些意外狀況，令你這些天的努力白費。

逆位——長久的努力讓你的自信心越來越強，但考試的時候可能會發生一些事情影響你的表現，其實這些早就在你意料中了，不過還是有點可惜啊！

17號牌：星星

正位——現在的你信心百倍，覺得自己一定能有很大的進步，而考試的成績也會不負你的希望，表現得相當出色啊！

逆位——讀書遇到了瓶頸，感覺無論怎麼讀書都很難再進一步了，你給自己太大壓力了，這樣子去考試，也很難有好的成績。

18號牌：月亮

正位——最近你在讀書時很容易分心喔！總是胡思亂想，怎麼也靜不下心來讀書，很難有好的成效。考試時也總是無法篤定，總覺得不太肯定自己的答案。

逆位——終於擺脫了之前猶豫不定的心理，你開始朝著自己的目標而努力，不過考試的時候你還是會有小小的不安，但成績還是不錯的。

19號牌：太陽

正位——你現在對於學習知識充滿了熱情，能夠快樂的學習與吸收，考試上也能自然地發揮出自己的實力，表現得相當不錯。

逆位——現在你似乎沒有什麼學習興趣，完全找不到學習的感覺，對於考試更是沒有自信，這樣子考試中也很難有突出的表現了。

20號牌：審判

正位——長久以來的努力終於到了展現的時候，考試的成績會是對你之前努力讀書最大的肯定，而且還會是你一次很重要的經歷。

逆位——之前讀書不夠用功，或是有些沒注意到的重要地方，都會在考試中暴露出來喔！這次的考試就是為了提醒你，要好好反省自己，努力改進了。

21號牌：世界

正位——現在正是讀書的好時候，無論是讀什麼都手到擒來，輕輕鬆鬆就能有所收穫，考試也是順風順水，成績好的讓人刮目相看。

逆位——讀書時總是有些疑惑或困難讓你感覺很洩氣，時間和精力花費了不少，但卻始終達不到想要的效果，考試的成績也不夠理想，讓你感到失望。

誰是天生的考試達人

紫微十四星性格各異，愛好不同，但是面對同樣要經歷的考試的時候，誰能夠脫穎而出，成為天生的考試達人呢？

（1）紫微星

紫微星很看重自己在別人心中的形象，考試這麼重要的關頭，當然是宣傳自己光輝形象的好時候了，怎麼能夠放過呢？平日紫微星就會對自己喜歡的課程努力的學習，而就算是他不太喜歡的科目，他也會讓自己能夠保持一定的水準，絕不能落於人後。而且，紫微星很善於利用時間，會在沒有人的時候完成別人都不願意學習的科目，然後就可以在考試這種時候跳出來展現自己了。

(2) 武曲星

平常，武曲星只會選擇自己喜歡的科目認真學習，所以他總是有一、兩門功課是異常出色的，當然同時他也一定會有一、兩門功課始終在及格邊緣徘徊。當然，一旦考試來臨，他認真起來了，就會拋棄平時大咧咧的樣子，忍受著他不喜歡的課程，認認真真地把所有的科目都複習好，這樣也不至於考試的時候太難看。所以，既然武曲星總是能夠為所有的科目都撥出時間來，那每次考試的時候也就總是能安全過關。

(3) 廉貞星

聰明的廉貞星向來都不用埋在書本裡死記硬背，對於功課他自然有自己的一套心得。他一向都將學習時間分配得頭頭是道，每門功課該如何準備，重點在什麼地方，他都一清二楚，真是令大家豔羨不已的聰明人。而且廉貞星還很喜歡在大家都不喜歡的功課上面大做文章，用令人咋舌的出色成績證明自己的優異，獲得大家的讚美。當然，如此懂得安排自己的廉貞星，考試成績也不可能會差的。

(4) 天府星

天府星是個穩紮穩打的讀書高手，從一開始他就在認真的讀書，為考試做好了一切的準備，不論是不是他喜歡的科目，他都會付出心血去努力。而且除了自己學得紮實之外，天府星還非常善於總結課程的考試重點，提供給大家關鍵的考試預測和複習方法，是每次考試前大家翹首以盼的大救星啊！

(5) 天相星

天相星平時早已經把該看的書、該背的內容全都記在心裡了，所以就算考試來臨了他也不會驚慌。何況，向來人際關係極好的天相星，在考試前總是能夠得到不少的小道消息，或是朋友們的應考祕笈，或是老師們的必考題透露，雙重保障之下，成績當然是節節高升。另外，天相星又是很大方的人，只要有同學向他請教，一定會毫無保留的教導對方自己的經驗，所以很受同學的歡迎。

（6）七殺星

只要七殺星覺得考試是必要的，那麼他會將所有的精力都投入進去，花費時間去研究每一個科目，就算多麼辛苦也不會放棄，因為對七殺星來說，生命中從來沒有僥倖的時候，只有努力的讀書與奮鬥，才能獲得自己想要的結果。所以只要意志力尚在，就絕不用擔心七殺星的考試，因為他的準備是十分充沛的。

（7）破軍星

雖然平時的破軍星看起來輕鬆閒散，但其實私底下他是很能下工夫學習的好學生。當然，破軍星是很喜歡玩啦！但他也很清楚，如果考試沒過關，是不可能有快樂的玩樂的，所以他才會下工夫讀書。不過，破軍星的好惡也很明顯，對於自己喜歡的科目，他會學得很好，但如果是不喜歡的科目，雖然他也不會放棄，但是不會太努力，只求過關就好，所以在考試前，他還是過得很愜意。

（8）貪狼星

貪狼星最怕別人看到他慌張的樣子，所以為了考試時不會手忙腳亂，他平時就會努力用功的讀書，只是會有多少的效果，恐怕是要打個折扣了。幸好，貪狼星還是頗有讀書的天分，總能在某些科目上有相當不錯的表現，不過他也很清楚自己的狀況，對於不太在行的科目，他也就沒有太大努力的慾望了，只要保持及格就好了。

（9）太陽星

太陽星對於考試是很有把握的，尤其對於自己在行的科目，他有著無與倫比的潛能，能夠表現得非常出色，也讓自己得意地享受同學們豔羨的目光，甚至於有時候他還會故意將自己拿手科目的分數壓低一點，讓大家意外地發現他其他科目原來也這麼厲害。太陽星如此的期待別人的讚賞，所以對於同學們的請教他也是很樂意解答的，不過如果你問他準備好了沒，他一定會告訴你說：「哎，還有一、兩個科目還只有及格的把握呢！」

（10）巨門星

巨門星是個研究者，他不會把課本上的知識鉅細靡遺地都記下來，而會用心去分析，看哪一部分是最重要的內容，進而對之進行專門的研究，而其他次要部分雖然會兼顧，也就沒那麼仔細了。另外，平日的巨門星並不是一個死讀書的呆子，他會不斷地產生很多問題，並試著解決這些問題，在不斷地思考過程中得到收穫。所以，考試對巨門星來說，是個輕鬆的過程。

（11）太陰星

太陰星心思細膩，內心有著很多的想法，他總是覺得自己對課程的讀書時間分配非常完美，但其實總是有些地方被忽略了。讀書時他總是以通過考試為原則，對於不瞭解的地方，他會放下它去讀別的課程，而不會追求徹底的理解，所以他的努力完全是針對考試的。每次考試完，太陰星都需要一段休息的時間，再去準備下次的考試。

（12）天梁星

天梁星果斷智慧，是同學中的小老師，在考試前，他大部分的時間都用來了教會同學解答難題，因此大家非常尊重他。不過對他來說，這其實也是自己用來加強記憶的一種方式，至於考試，他早就準備好了。

（13）天機星

天機星目光長遠，善於運籌帷幄，考試可不是他讀書的最終目的喔！他會思量哪些科目對自己今後的發展有幫助，將重點放在這些科目之上，而那些他覺得作用不大的科目，必要時是可以犧牲的。雖然天機星平常看起來不急不躁，其實他巴不得有更多的時間可以用來讀書，將每件事情都做到完美，但他也清楚那是不可能的，所以他會合理分配自己的時間，準備得十分周到，當然也就能保證考試成績的出色了。

（14）天同星

天同星天性安樂，絕不會讓自己很忙，他會先過好自己的舒服日子，然後才考慮讀書的事。對於考試，他會為自己訂好目標，先複習最喜歡的科目，然後才藉著開心的心情看看其他的科目。而到了考試的時候，如果準備得很不錯，那麼他的心情也會很好，但如果心情糟糕，那天同星也會收起安逸的心情，全神貫注投入到考試中，保持自己及格再說。

考試運大占卜

考試恐怕是我們這一輩子都無法避開的挑戰，在一生中遇到的大大小小的考試中，有人可能自信滿滿，有人卻驚慌失措，到底你是哪種考生呢？你會不會在考試之前經由占卜的方式來預測自己的考試結果呢？如果會的話，那麼你會選擇下面哪種算命方法呢？

A、易經卜卦

B、八字

C、測字

D、手相、面相

E、塔羅牌

F、不一定，看誰便宜就找誰算

【解答】

A、你很聰明，只是聰明的頭腦沒有用到正途上。你很擅長編寫只有自己懂的密碼，所以你偷偷刻在桌子上的小抄看起來就跟火星文一樣，讓老師就算看到了也不知道那是什麼，這樣你就可以光明正大的作弊了。

B、也許你不算非常聰明的人，但沒關係，你足夠勤奮，所謂勤能補拙，多花點時間讀書的話，總會有收穫的。

C、你是個認真踏實的好學生，絕不會用作弊或者抄襲的方法來獲得高分，只是你的讀書方法是不是要改變一下才好，似乎效率不是太高喔！

D、你用的是非常原始的作弊方法，也就是把小抄寫在自己的身上。你的手段還真是很大膽，只是要小心被老師發現喔！

E、你是個追求浪漫、愛好幻想的人，就算是考試的時候也期望能有神祕力量給你幫助，還是腳踏實地的好好讀書吧！光靠考試時看窗外的大樹是無法激發出答題的靈感的。

F、你是個很講求實際的人，不過是不是實際得太過了一點，考試時總是選擇坐在優秀同學的旁邊等待機會對你來說其實並不是件好事，最後害了的還是你自己。

夢的顏色占卜考試失分點

夢的色彩可以洞悉你每次考試都是在什麼地方失誤喔！

【解答】

A、做藍色夢的你，最大的問題就是粗心大意。你總是不小心看錯了題目，或是將原本選對的答案填錯了，你絕不是不夠聰明，也不是沒有努力，但你總是敗在了考試上，完全都是因為粗心使你白白丟失分數。所以考試時把節奏放慢一點，看清題目，不要一時貪快而得不償失。

B、做白色夢的你，最大的問題就是緊張。其實你挺用功的，而且平時的課堂表現和功課都很不錯，但一碰到考試，你就開始緊張冒汗，覺得壓力漸大，把平日讀的東西都忘得一乾二淨，水準立刻往下掉。所以到了考試前不妨放下書本，讓頭腦休息一下，可以有效緩解你的情緒。

C、做紅色夢的你，最大的問題就是理解能力。其實，考試之前你已經將所有的內容記得滾瓜爛熟，但到了考場上看到考題，你就不知道該用什麼答案來回答了，結果答非所問，當然也就很難有好成績了。好好思考一下你是不是選擇了不適合自己的讀書方式吧！想成績好，並不是死記硬背就可以了。

D、做橙色夢的你，最大的問題就是焦慮。一到考試前你就慌了神，又怕自己讀得不夠，又擔心有些重要的考試範圍你還沒有溫習到，還擔心考試時會出現各式各樣的意外情況，這樣子如何能從容面對考試呢？其實你準備得已經很充分了，不要太緊張，多給自己一點信心，相信自己的能力才好。

塔羅牌占卜考試好運

考試要拿到好成績，光靠平日的努力還不夠，關鍵時刻的狀態和表現有時候反而是決定考試發揮的重要條件，你知道自己都有哪些考場上的小毛病嗎？趁現在找出它來，趕緊改掉才是。

占卜方法：

憑直覺在下面五張牌中選擇一張。

A

B

C

D

E

【解答】

A、命運之輪——考試幸運指數：1顆星。

平常的你自信滿滿，可是一到了考場上，平日的自信就飛到九霄雲外去了，拼命地跑廁所，說到底，還是因為你那容易緊張的毛病，這樣就算你平日讀書讀得再勤，臨場發揮卻總是失常。另外，你又有個過目就忘的毛病，雖然該讀的書都讀了，但卻不愛在最後關頭下點工夫記牢它，碰上考試時情緒緊張，該記得的東西也都忘了大半，就更難考好了。所以，平日的努力是必要的，但考試前的複習也是必要的，這樣會讓你對自己更有信心，也就不會那麼緊張了。

B、女祭司——考試幸運指數：4顆星。

你是個非常重視讀書的人，對你來說內在的知識修養就等於一個人的價值，所以對於讀書你總是積極主動的進行，考試前你會反覆地熟悉內容，一而再、再而三的模擬、練習，讓自己能夠吸收盡可能多的知識。這樣的你考試時是很難出錯的，但有時候就是因為你太擔心出錯，反而會造成情緒的緊張，導致思路堵塞。這個時候不妨做個深呼吸，將暫時不會的題目先放下，解決了自己會的題目再說。這樣，考試過關對你來說真是so easy，而且很有可能非常出色喔！

C、女皇——考試幸運指數：5顆星。

你是個天生的考試高手，完全不用做太多的準備，卻總是能夠得到不錯的成績，所謂大考大玩，小考小玩，大概指的就是你這類的人。其實有時候你也會緊張，但你一直都處理得很好，不會影響到你在考場上的發揮。只要你能夠按照平日的讀書步驟進行，那麼即使沒有充足的準備，但考試之神還是會站在你這邊的，讓你的考試運奇佳無比。

D、愚者——考試運幸運指數：2顆星。

你總是給人一種缺乏熱情的感覺，對讀書也是一樣，毫無興趣，考試更是讓你厭煩不已。但是，就算你再討厭也好，畢竟它是你必須要面對的，這是你首先必須認清楚的一點。其實你的問題不在於怎麼讀書，因為你其實很聰明，關鍵在於你對考試的認知態度，必須清楚的體認到它是你必須經歷的過程，體認到讀書和學習對你生活的重要性，當你真正瞭解這一切之後，你的成績自然就會進步了。

E、戀人——考試運幸運指數：3顆星。

你的好惡很明顯，喜歡的科目你會讀得很好，但不喜歡的科目你始終無法讀進去，強迫也沒辦法學好。而且你是個熱情而有責任感的人，就算你並不是很喜歡讀書和考試，但為了父母和師長的期望，你也會很努力讀書，何況你也不希望在朋友們面前丟臉。總之你會找到許多理由督促自己努力，好好的讀書，做好考試的準備。最近兩、三個月，是你的考試好運期，試著在自己的弱項上努力一下，你的成績會更好。

國家圖書館出版品預行編目資料

任性還是認命—全世界最好玩最精準的占卜遊戲／
腦力&創意工作室編.
－－第一版－－臺北市：知青頻道出版；
紅螞蟻圖書發行，2015.03
面　公分
ISBN 978-986-5699-53-6（平裝）

1.占卜

292　　104002319

Perusing 010

任性還是認命—全世界最好玩最精準的占卜遊戲

作　　者／腦力&創意工作室
發 行 人／賴秀珍
總 編 輯／何南輝
校　　對／周英嬌、楊安妮
美術構成／張一心
出　　版／知青頻道出版有限公司
發　　行／紅螞蟻圖書有限公司
地　　址／台北市內湖區舊宗路二段121巷19號（紅螞蟻資訊大樓）
網　　站／www.e-redant.com
郵撥帳號／1604621-1　紅螞蟻圖書有限公司
電　　話／(02)2795-3656（代表號）
傳　　真／(02)2795-4100
登 記 證／局版北市業字第796號
法律顧問／許晏賓律師
印 刷 廠／卡樂彩色製版印刷有限公司
出版日期／2015年 3月　第一版第一刷

定價 320 元　　港幣 107 元

ISBN　978-986-5699-53-6　　Printed in Taiwan